AF197970

Vom Altmarkt zum Coselpalais

Westseite des Altmarktes

1 | Altmarkt

Der Altmarkt war das Zentrum des alten Dresden und ist noch immer der Hauptplatz der Altstadt. Hier finden Veranstaltungen und Märkte statt, vor allem der Dresdner Striezelmarkt (Striezel = Stollen), der weltbekannte Weihnachtsmarkt, den es seit 1434 gibt und der damit der älteste Deutschlands ist. Traurigstes Ereignis in der Geschichte des Altmarktes war die Verbrennung von Tausenden von Bombenopfern des Angriffs vom 13. Februar 1945. Im Herbst 1989 begannen hier die Dresdner Demonstrationszüge der Friedlichen Revolution.

Die Neubebauung des durch Bomben völlig zerstörten Platzes wurde in den 1950er Jahren begonnen. An der Ostseite des Platzes ist das Haus Altmarkt bemerkenswert, errichtet 1953/56 im für Dresden typischen neobarocken-historisierenden Stil. Gegenüber liegt die palastartig komponierte Westseite, deren markanter Kopfbau in die 2002 eröffnete Altmarkt-Galerie einbezogen wurde. Die südliche Seite wurde bis 2010 mit Geschäftsbauten geschlossen, sodass von der Kreuzkirche – wie vor dem Krieg – nur noch eine Ecke zu sehen ist.

Dresdner Stollen

Das bekannte Weihnachtsgebäck aus schwerem Hefeteig, Mandeln, Rosinen, Zitronat und anderen getrockneten Früchten erinnert in seiner Form an eine eingeschlagene Windel bzw. das gewickelte Christkind. Seit 1474 bekannt, wurde der Dresdner Stollen, auch Striezel genannt, ab 1500 auf dem Striezelmarkt verkauft. Der Name Dresdner Stollen ist mittlerweile eine geschützte Marke, das Gebäck ist begehrt in aller Welt.

2 | Kulturpalast

www.kulturpalast-dresden.de

Mit dem 1966/69 erbauten Kulturpalast wurde der Alt-markt an der Nordseite geschlossen. Die Stahlskelett-konstruktion ist 103 Meter lang, 72 Meter breit und etwa 20 Meter hoch. Die großen Bronzetüren zeigen Szenen aus der Dresdner Stadtgeschichte. An der Westseite des Gebäudes ist das sozialistische Wandbild »Der Weg der roten Fahne« zu sehen. 2008 wurde das Gebäude als be-sonders markanter Vertreter des sozialistischen Städte-baus in der DDR unter Denkmalschutz gestellt. 2013 wur-de der »Kulti« teilweise entkernt und 2017 als komplett modernisiertes Haus der Künste und des Wissens wieder-eröffnet, wobei charakteristische Materialien im Innern beibehalten wurden. Der Konzertsaal für die Dresdner Philharmonie mit 1800 Plätzen hat eine hervorragende Akustik. Das Kabarett »Die Herkuleskeule« und die neue städtische Zentralbibliothek haben hier ebenfalls ihre Heimstatt gefunden. In den großzügigen Foyers, die die einzelnen Einrichtungen miteinander verbinden, gibt es Gastronomie, Ticket- und Informationsschalter, multime-diale Informationsinseln und Aufenthaltsbereiche.

Detail aus dem
Wandbild

3 | Kreuzkirche

Besichtigung/Turmaufstieg täglich
Kreuzchorvespern Sa 17 Uhr

Unmittelbar am Altmarkt steht die Kreuzkirche, die evangelische Hauptkirche Dresdens, mit 3600 Plätzen der größte Kirchenbau Sachsens und eine der größten Kirchen Deutschlands. Durch den hier beheimateten weltberühmten Kreuzchor war und ist sie das kirchenmusikalische Zentrum der Stadt.

Denkmal für den Kreuzkantor Ernst Julius Otto vor der Kreuzkirche

Die um 1215 auf den Mauern einer älteren Kapelle errichtete romanische Basilika hieß ursprünglich Nikolaikirche. 1234 schenkte Constantia von Österreich der Kirche eine Reliquie, einen Splitter vom Kreuz Christi – daher der Name Kreuzkirche. 1897 ausgebrannt, wurde sie bis 1900 im Inneren grundlegend verändert. An die Stelle der barocken Ausstattung trat eine kostbare Dekorierung im floralen Jugendstil. Die Kuppel-Betonkonstruktion der Jahrhundertwende hielt im Februar 1945 den Bomben weitgehend stand, doch die reiche Innenausstattung fiel 1950/55 dem Zeitgeschmack zum Opfer. Der mit dem Wiederaufbau beauftragte Architekt Fritz Steudtner ließ alle Stuck- und Sandsteinelemente

Heinrich Schütz
1585–1672, Komponist. Schütz studierte 1609–1612 in Venedig bei Giovanni Gabrieli. 1615 ging er als Kapellmeister zur sächsischen Hofkapelle nach Dresden. Er gilt als der bedeutendste deutsche Komponist des Frühbarocks. Nach frühen Madrigalen in italienischer Sprache komponierte er vor allem Vokalmusik zu deutschen geistlichen Texten für die Hofgottesdienste und zur Unterhaltung bei der fürstlichen Tafel.

abschlagen und durch sogenannten Rapputz ersetzen. Vom Altar blieb lediglich der Unterbau stehen, darüber hängt heute das Kreuzigungsbild, das noch leichte Brandspuren aufweist. Trotzdem wirkt der Raum in seiner nunmehrigen Schlichtheit sehr schön, ähnlich einer riesigen Krypta.

Die ehemalige Brauthalle ist seit Ende der 1950er Jahre Heinrich Schütz gewidmet. Das Nagelkreuz wurde 1986 hier aufgestellt; es ist ein Geschenk der Kathedrale von Coventry als Zeichen der Versöhnung.

Im Hauptschiff befinden sich mehrere Epitaphien aus der im Krieg zerstörten Sophienkirche. Bemerkenswert sind zwei lebensgroße Figuren von Sebastian Walther: im Haupteingangsbereich Christus als Schmerzensmann, 1634 geschaffen, in der Vorhalle die vom Friedhof der Frauenkirche stammende lebensgroße Figur vom Grab des Kanzlers Daniel Peifer. An der Rückseite des Hauptschiffs steht Christus als »Ecce homo« von 1616, ebenfalls Sebastian Walther zugeschrieben. Die Orgel ist die größte Dresdens, viermanualig mit 76 Registern; sie stammt aus der Dresdner Orgelbauwerkstatt Jehmlich und wurde 1963 gebaut.

Der Turm ist 92 Meter hoch; die Aussichtsplattform ist nach 259 Stufen in 54 Metern Höhe erreicht. Dort oben sind auch noch die Türmerstube und die fünf Glocken im dreigeschossigen Glockenstuhl zu besichtigen. Die Glocken wurden 1899 in Apolda gegossen und überstanden den Krieg. Mit ihren 25,45 Tonnen bilden sie das viertgrößte Glockengeläut Deutschlands (nach dem Kölner Dom, dem Konstanzer Münster und der Stiftskirche zu Neustadt an der Weinstraße).

Neben der Kirche stand einst die »schola crucis«, erstmals 1300 erwähnt und damit die älteste Schule Dresdens, deren Knabenchor seit dem späten 14. Jahrhundert bekannt ist. Das im Februar 1945 zerstörte neogotische Gebäude der Kreuzschule wurde nicht wieder aufgebaut. Der Dresdner Kreuzchor mit seinen heute etwa 90 Mitgliedern ist einer der renommiertesten Knabenchöre der Welt. Ein berühmter Kantor war Rudolf Mauersberger (1889–1971); seit 2022 ist der ehemalige Kruzianer Martin Lehmann (geb. 1973) der 29. Kreuzkantor seit der Reformation. Die ehemaligen Kreuzchorsänger Peter Schreier (S. 10) und Theo Adam (S. 22) wurden Sänger von Weltruf.

4 | Weiße Gasse

Bei dem in den 1950er Jahren begonnenen Wiederaufbau entstanden anstelle der früheren engen Gassen
zwei kleine Straßen mit Gaststätten und Geschäften: die
Weiße Gasse und die Gewandhausstraße. Sie sind ein ge-
lungenes Beispiel für die Architektur der Nachkriegszeit,
die hier mit Barockelementen spielt. Der Schlussstein
der Hausnummer 5 trägt die Inschrift: »Jeder Stein der
neuen Stadt trägt unsichtbar die Lettern: Frieden«. Die
»Kneipengasse« entstand ab 2002; in den letzten Jahren
wurde daraus ein ganzes Kneipenviertel. Die enge Bebauung sorgt für eine gemütliche Atmosphäre. Besonders schön sind im Sommer die Plätze vor den Kneipen.

In der Weißen Gasse steht der berühmte »Gänsediebbrunnen«, einer der etwa 300 Dresdner Brunnen und
Wasserspiele. Die von Robert Diez entworfene Plastik
gewann die »Große Goldene Medaille« der Internationa-
len Kunstausstellung 1878 in München. Der Dudelsack
spielende Gänsedieb erinnert an eine Geschichte aus
dem 16. Jahrhundert, als der fahrende Student Thomas
Platter versuchte, sein Einkommen durch gestohlenes
Federvieh aufzubessern. Platter wurde später Buchdru-
cker und Rektor einer Lateinschule in Basel.

Gänsediebbrunnen

5 | Gewandhaus

In der Gewandhausstraße zieht ein schöner Barockbau die Blicke auf sich. Das heutige Hotel (Ringstraße 1) wurde 1768/70 als Arbeits- und Handelshaus der Gewandschneider in einem Stilgemisch aus Spätbarock und Frühklassizismus erbaut. Auffällig ist die Lisenen-Gliederung der Fassade mit dem Giebeldreieck über dem Mittelrisalit; es war eines der wenigen Dresdner Bauwerke, die in der Zeit kurz nach dem Siebenjährigen Krieg entstanden. 1945 ließen die Bomben vom Gewandhaus nur eine Ruine zurück. 1965/67 wurde es äußerlich originalgetreu wiederhergestellt, im Inneren als Hotel eingerichtet. Über dem Portal prangt das Dresdner Stadtwappen.

Dinglinger-Wandbrunnen

An der Westseite des Gebäudes steht der barocke Dinglinger-Wandbrunnen, der Matthias Daniel Pöppelmann (S. 34) zugeschrieben wird. Der wohlhabende Hofjuwelier August des Starken, Johann Melchior Dinglinger (S. 30), hatte ihn sich 1718 für den Innenhof seines Hauses Frauenstraße 9 bauen lassen. Er ist aus Elbsandstein gefertigt und gilt als ältester erhaltener Hofbrunnen Dresdens. Das Brunnenbecken ruht auf einem doppelschwänzigen fischartigen Wesen, das einen in eine Muschel gebetteten Neptunkopf trägt.

6 | Neues Rathaus

Das Rathaus wurde 1905/10 auf dem Gelände einer Bastion der abgebrochenen Stadtfestung erbaut. Der monumentale, mit Sandstein verkleidete Bau im Stil der Neorenaissance hat fünf Innenhöfe und einen 100 Meter hohen achteckigen Turm. Von der Aussichtsplattform bietet sich ein atemberaubender Ausblick auf die Stadt und die Elbe, bei klarer Sicht bis in die Sächsische Schweiz. Das Rathaus brannte im Februar 1945 teilweise aus, wurde aber 1948/52 und 1962/65 (Festsaalflügel) wiederhergestellt. Der Jugendstil-Treppenaufgang des Festsaalflügels ist mit restaurierten Wandmalereien von Otto Gussmann geschmückt. Vor dem Eingang mit den vier vergoldeten Gittertüren (»Goldene Pforte«) stehen zwei bronzene Löwen von Georg Wrba (1910). Über dem Haupteingang sind die Wappen von Städten zu sehen, die im Zweiten Weltkrieg stark bzw. völlig zerstört worden sind – u. a. Coventry, Leningrad, Lidice und Wrocław.

Die auf dem Rathausplatz stehende Skulptur der Trümmerfrau wurde 1952 von Walter Reinhold geschaffen. Vor dem Ratskeller steht die Bronzegruppe »Bacchus auf einem trunkenen Esel reitend«, die 1910 von Georg

Wrba geschaffen wurde. Der linke große Zeh des Bacchus ist von vielen Berührungen blank poliert – es soll Glück bringen, zumindest verspricht die Berührung eine baldige Rückkehr nach Dresden.

Seit 1908 weist ein kupferner, mit 100 Gramm Blattgold überzogener Mann vom Rathausturm aus mit seinem rechten Arm über die Stadt und gießt mit seiner linken Hand ein Füllhorn aus. Es ist eine Plastik des Dresdner Bildhauers Richard Guhr, die den Schutzpatron Herkules symbolisiert. Die Figur ist annähernd fünf Meter groß und wiegt 1750 Kilogramm. Modell für den Herkules stand der Zirkuskünstler, Ringer und Kraftakrobat Ewald Redam.

7 | Landhaus

Stadtmuseum / Städtische Galerie Di–So 10–18 Uhr, Fr 10–19 Uhr (Eingang Landhausstraße)

Das Landhaus (auch Ständehaus genannt) gehört zu den architektonischen Kleinodien der Stadt. Es wurde 1770/75 nach Plänen des Hofbaumeisters Friedrich August Krubsacius erbaut und diente als repräsentativer

Peter Schreier
1935–2019, Sänger und
Dirigent. Schreier gehörte
ab 1945 dem Dresdner
Kreuzchor an und wurde
von Rudolf Mauersberger
als Talent entdeckt. Mit
den Oratorien von Johann
Sebastian Bach wurde der
spätere Tenor weltweit
gefeiert und war auf allen
großen Bühnen gefragt.
Als Dirigent leitete er große Orchester wie die Ber-
liner Philharmoniker, die
Hamburger Symphoniker,
die Dresdner Staatskapel-
le, die Wiener Sympho-
niker, das Mozarteum-
Orchester Salzburg, das
Los Angeles Philharmonic
Orchestra u. a.

Polizeipräsidium an der
Schießgasse

Versammlungsort der sächsischen Landstände, bis der
Sächsische Landtag 1907 in das neue Ständehaus am
Schlossplatz umzog. Im Zweiten Weltkrieg weitgehend
zerstört, wurde das Landhaus 1963/65 nach den origina-
len Bauplänen wieder aufgebaut.

Das Landhaus ist das einzige historische Gebäude an
der Wilsdruffer Straße. Die 77 Meter lange Schauseite
an der Landhausstraße wurde im klassizistischen Stil
gestaltet. Über dem Haupteingang, dem sechs dorische
Säulen vorangestellt sind, befindet sich die lateinische
Inschrift: »Haus der Stände Sachsens, Friedrich August,
Kurfürst, Vater des Vaterlandes, ließ es 1775 erbauen«.
Seit 1966 ist das Landhaus Domizil des 1891 gegründeten
Dresdner Stadtmuseums und seit 2005 auch der Städti-
schen Galerie. Ende 2006 wurde die neue Dauerausstel-
lung zur 800-jährigen Stadtgeschichte eröffnet. In vier
großen Sälen werden über 1000 zum Teil hochkarätige
Exponate präsentiert.

Durch die Schießgasse, vorbei am Polizeipräsidium (links), das, einem Renaissancepalast ähnlich,
1895–1900 von Julius Temper als Königliche Poli-
zeidirektion mit einer Gesamtnutzfläche von über
15 000 Quadratmetern erbaut wurde, erreicht man
rechts das Kurländer Palais.

8 | Kurländer Palais

Das Kurländer Palais am Tzschirnerplatz ist das bedeu-
tendste Bauwerk des Oberlandbaumeisters Johann
Christoph Knöffel, der es 1729 für den Minister Graf von
Wackerbarth erbaute. Einige Zeit war Prinz Carl, Herzog
von Kurland, Besitzer, was dem Gebäude seinen Namen
gab. 1813 Lazarett, 1814–1864 Gebäude für die Chirurgisch-
Medizinische Akademie unter Carl Gustav Carus, erfuhr
es bis zu seiner Zerstörung 1945 wechselnde Nutzung.
Der Neubau beherbergt heute Gastronomie, Geschäfte,
Veranstaltungs- und Ausstellungsräume sowie Büros.

9 | Neue Synagoge

Führungen über HATiKVA e. V., Tel. 0351 8 02 04 89

Am 9. November 2001, dem Jahrestag der Zerstörung
der alten Synagoge Dresdens, konnte nach mehr als
60 Jahren die neue Synagoge (Hasenberg 1) eingeweiht
werden. Sie steht in der Nähe des Ortes, an dem 1833
Gottfried Semper die erste Synagoge Dresdens errichtet
hatte: am Ende der Brühlschen Terrasse. Dort steht heute

Nora Goldenbogen
1949–2024, Lehrerin,
Historikerin. Bis 2020
Vorsitzende der Jüdischen
Gemeinde zu Dresden,
ab 2017 Vorsitzende des
Landesverbandes Sachsen
der Jüdischen Gemeinden.
Sie vertrat die Jüdische
Kultusgemeinde Sachsen
als Mitglied im MDR-
Rundfunkrat und arbeitete
im Programmausschuss
Leipzig mit, war Grün-
dungsmitglied des Vereins
HATiKVA – Bildungs- und
Begegnungsstätte für
jüdische Geschichte und
Kultur Sachsen e. V. und
dessen Leiterin bis 2014.
Goldenbogen verfasste
zahlreiche Abhandlungen
zur Geschichte der Juden.

Synagoge (links) und jüdi-
sches Gemeindezentrum
(rechts)

ein Denkstein. 1997 wurde ein internationaler Architek-
tenwettbewerb ausgelobt; die dritten Preisträger, die Architekten Rena Wandel-Hoefer und Wolfgang Lorch aus
Saarbrücken, erhielten den Auftrag. Die Synagoge wurde
2002 als beste europäische Architektur ausgezeichnet.

Der Bau ist ein in sich nach Osten gedrehter Kubus (Ge-
betsrichtung nach Jerusalem) ohne Fenster, der in seiner
Form an die ersten Tempel der Israeliten erinnert. Die
34 Schichten aus Formsteinmauerwerk im Sandstein-
charakter des 24 Meter hohen Gotteshauses drehen sich
schraubenförmig nach oben, bis sie die Ausrichtung nach
Osten erreicht haben. Es gibt keinen weiteren Schmuck.
Einzig der original erhaltene Davidstern aus der alten Synagoge befindet sich über dem Eingangsportal. Er wurde
von dem Dresdner Feuerwehrmann Alfred Neugebauer
nach der Pogromnacht vom 9. November 1938 aus der
brennenden Synagoge gerettet, über die Kriegsjahre ver-
steckt und beim Neubau der Gemeinde übergeben. Über
der zweiflügligen Holztür steht in goldenen hebräischen
Lettern die Inschrift der alten Semper-Synagoge: »Mein
Haus sei ein Haus der Andacht allen Völkern«.

Auf dem Rückweg kann man einen Blick in den Bären-
zwinger werfen, seit mehr als vier Jahrzehnten *der* Dresdner Studentenclub.

10 | Albertinum

Galerie Neue Meister/Skulpturensammlung
Di–So 10–18 Uhr

Das Albertinum, benannt nach König **Albert von Sachsen**, steht am östlichen Ende der Brühlschen Terrasse. Ursprünglich das Zeughaus, gehörte es zu den wichtigsten Renaissance-Bauwerken Dresdens und war eines der größten und berühmtesten Zeughäuser Europas. Ende des 19. Jahrhunderts wurde es im Stile der Hochrenaissance zum Museumsgebäude umgebaut. Im Jahr 1891 wurde die Abgusssammlung im zweiten Obergeschoss eröffnet, 1894 die mit zeitgenössischer Plastik ergänzte Sammlung der Originalbildwerke. Schon um 1900 galt die Skulpturensammlung als weltweit einzigartig.

Heute präsentiert sich das Haus mit insgesamt 4480 Quadratmetern Ausstellungsfläche als Museum der Moderne. Die Galerie Neue Meister und die Skulpturensammlung konzentrieren ihre Ausstellung auf die Kunst des 19. und 20. Jahrhunderts sowie Kunst der Gegenwart. In der Galerie Neue Meister befinden sich u. a. Werke der Romantiker Caspar David Friedrich, Carl Gustav Carus und Ludwig Richter, der Impressionisten

Albert von Sachsen
1828–1902, von 1873 bis zu seinem Tode König von Sachsen. Er führte die Einordnung Sachsens in das von Preußen geführte Deutsche Reich fort. Innenpolitisch strebte König Albert eine Neugestaltung der Landesverwaltung an. In seine Regierungszeit fallen die Verbesserung der Armenpflege und eine umfassende Reform des Steuerwesens 1878. Mit dem neuen Wahlgesetz 1896 führte Albert das Dreiklassenwahlsystem ein.

Denkmal für Caspar David Friedrich

Claude Monet, Edgar Degas, Max Liebermann und Max Slevogt, der Expressionisten Otto Dix, Ernst Ludwig Kirchner und Karl Schmidt-Rottluff, weiterhin von Gerhard Richter und A.R. Penck. Die Skulpturensammlung ab 1800 zeigt Werke der klassischen Moderne und der Gegenwart, u.a. von Auguste Rodin, Wieland Förster und Werner Stötzer.

11 | Brühlscher Garten

Festung Dresden 10–18 Uhr

Die Brühlsche Terrasse, der schönste Teil des Dresdner Elbufers, blieb beim Abbau der Stadtbefestigung zwischen 1809 und 1829 östlich der Augustusbrücke erhalten. Von hier aus hat man einen großartigen Blick auf das barocke Dresden und über die Elbe hinweg zur Neustadt. Vom »Balkon Europas« aus bewundern unzählige Besucher die Schönheit Dresdens.

Der Brühlsche Garten ist der Abschluss der Brühlschen Terrasse nach Osten hin, die sogenannte Jungfernbastion oder Venusbastei. Sie war Bestandteil des Stadtfestungswalles, der ältesten deutschen Bastionsbefestigung, die

unter der Regentschaft des jungen Kurfürsten Moritz nach Plänen von Paul Buchner in den 1550er Jahren gebaut wurde. In den Kasematten ließ August der Starke zu Beginn des 18. Jahrhunderts ein Labor für Johann Friedrich Böttger und Ehrenfried Walther von Tschirnhaus einrichten, die hier um 1706/07 das erste europäische Hartporzellan, das später sogenannte Meissener Porzellan, erfanden. 1749 ließ Staatsminister Graf Heinrich von Brühl (1700–1763) die Jungfernbastion zuschütten, um einen Lustgarten, die nach ihm benannte Brühlsche Terrasse, anlegen zu lassen. Der Delphinbrunnen mit Sandsteinfiguren wurde um 1750 von Pierre Coudray geschaffen.

An der Außenmauer befindet sich das sechs Meter hohe Moritzmonument aus Sandstein, geschaffen 1555 von Hans Walther, das älteste erhaltene Denkmal Dresdens. Dargestellt ist Kurfürst Moritz, der seinem Bruder August das Kurschwert überreicht, daneben beider Gemahlinnen, Agnes von Hessen und Anna von Dänemark. Das Denkmal für Johann Friedrich Böttger, eine 1,90 Meter hohe Stele aus Sandstein, trägt ein Porträtmedaillon Böttgers aus Meissener Porzellan und stammt von 1982. Das drei Meter hohe Denkmal für Caspar David Friedrich aus Edelstahl und Bronze wurde am 150. Todestag des Malers am 7. Mai 1990 eingeweiht. »Der Maler soll nicht bloß ma-

Ernst-Rietschel-Denkmal

Johann Friedrich Böttger
1682–1719, Apotheker und Alchimist. Böttger behauptete, die Formel zur Herstellung von Gold zu kennen, und erregte damit die Aufmerksamkeit Augusts des Starken, der ihn nach Dresden holte. Hier erfand er, gemeinsam mit Walther von Tschirnhaus, der schon länger die Formel für Porzellan suchte, 1706 das erste, noch rote, europäische Hartporzellan, 1707 erstmals das weiße, das seit 1710 als Meissener Porzellan firmiert.

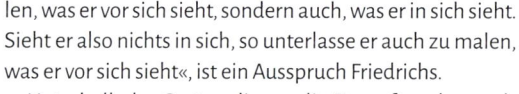

Festung Dresden

len, was er vor sich sieht, sondern auch, was er in sich sieht. Sieht er also nichts in sich, so unterlasse er auch zu malen, was er vor sich sieht«, ist ein Ausspruch Friedrichs.

Unterhalb des Gartens liegen die Dampferanlegestellen. Hier ist seit 1910 der Hauptanlegeplatz der Dresdner Flotte, der größten und ältesten Raddampferflotte der Welt (siehe S. 53). Personendampfschiffe gibt es auf der Elbe seit Gründung der Elbdampfschifffahrts-Gesellschaft 1836. Jedes Jahr am 1. Mai findet vor der Brühlschen Terrasse die traditionelle Dampferparade statt. Das um 1550 errichtete Ziegeltor (Schiffstor), das einst beim Bau der Jungfernbastion als Kasematte in den Festungswall mit einbezogen worden war, blieb als einziges der Dresdner Stadttore erhalten, ebenso der Postenaustritt und vier große Schießscharten für Geschütze. Die Torhallen und Wachstuben können im Museum Festung Dresden besichtigt werden.

In Richtung Elbe erstrecken sich drei 40 Meter lange und 8 Meter breite Gänge, in denen man früher Waffen und anderes Kriegsmaterial aufbewahrte. Das Tor zum Hof der Kleinen Bastion zeigt eingeritzte Hochwassermarken aus drei Jahrhunderten. Bei den großen Hochwassern 2002 und 2013 zeigte sich, wie wichtig die Festungsanlage für den Schutz der Altstadt vor Flutschäden ist.

Gottfried-Semper-Denkmal

12 │ Kunsthalle im Lipsiusbau

Di–So 10–18 Uhr

Die von Constantin Lipsius 1887–1894 erbaute ehemalige Königliche Kunstakademie ist eines der drei Gebäude
der heutigen Hochschule für Bildende Künste Dresden.
Hier befinden sich u. a. die Ateliers der Malerei, der Gra-
fik und der Bildhauerei sowie die Ausstellungsräume
der Hochschule. Die »Allgemeine Kunst-Academie der
Malerey, Bildhauer-Kunst, Kupferstecher- und Baukunst«
wurde 1764 gegründet und gehört damit zu den ältesten Kunstakademien im deutschsprachigen Raum. Ein
Rundpavillon verbindet die Kunstakademie mit dem
Ausstellungsgebäude, das ebenfalls von Constantin
Lipsius 1894/95 im Stil des Historismus mit neoklassizis-
tischer Fassade gebaut wurde. Die das Stadtbild prägen-
de Glaskuppel wird wegen ihrer Form »Zitronenpresse«
genannt. Darauf thront das Standbild der Pheme (oder
Fama). Ihr Lorbeerkranz verweist auf die Bedeutung des
Künstlerruhms. Die Kunsthalle macht in Sonderausstellungen zeitgenössisches Kunstschaffen erlebbar.
    Zwischen Albertinum und Lipsiusbau steht das 1892
errichtete Bronze-Denkmal für Gottfried Semper (S. 38).

Richard Wagner
1813–1883, Komponist,
Dramatiker und Dirigent.
Er gilt als einer der
bedeutendsten Erneuerer
der europäischen Musik.
1813 in Leipzig geboren,
ging Wagner 1842 nach
Dresden, wo er mit »Rien-
zi« seinen künstlerischen
Durchbruch feiern konnte
und zum Königlich-Säch-
sischen Hofkapellmeister
ernannt wurde. Nach sei-
ner Beteiligung am Dresd-
ner Maiaufstand 1849
musste er in die Schweiz
fliehen und konnte erst
1860 nach Deutschland
zurückkehren. Erst 1864
gab ihm König Ludwig II.
von Bayern materielle
Sicherheit.

Es ist eine Stiftung des Verbandes Deutscher Architekten und Ingenieure – der königlich-sächsische Hof und die Stadt Dresden hatten eine finanzielle Beteiligung verweigert, da Semper wegen seiner Teilnahme am Dresdner Maiaufstand von 1849 (gemeinsam mit Richard Wagner) trotz seiner großen Verdienste um die einzigartige Architektur der Residenzstadt bei der Obrigkeit in Ungnade gefallen war.

13 | Coselpalais

Das Coselpalais ist ein prächtiger Rokokobau und Beispiel für die einst zahlreichen Palais des Dresdner Adels. Von Johann Christoph Knöffel 1745/46 erbaut, brannte das Gebäude im Siebenjährigen Krieg aus. 1763 erwarb der Reichsgraf von Cosel, der Sohn Augusts des Starken und der Reichsgräfin von Cosel, die Grundstücke und ließ sie neu bebauen. 1853 ging das Bauwerk in den Besitz des sächsischen Staates über und wurde als königliches Polizeihaus ausgebaut. In der Bombennacht im Februar 1945 wurde es zerstört, 1977 und 2000 wieder aufgebaut. Heute befinden sich hier ein Restaurant und ein schönes Grand Café.

Von der Frauenkirche zur Hofkirche

14 | Frauenkirche

Besichtigung täglich, **Kuppelaufstieg** möglich

60 Jahre nach der Zerstörung und nach elf Jahren Wiederaufbau ist das Wahrzeichen der Stadt wieder erstanden. Die evangelisch-lutherische Kirche gehört zu den schönsten Europas. Die Frauenkirche wurde 1726–1734 unter der Leitung von George Bähr erbaut und gilt als der bedeutendste barocke protestantische Kirchenbau in Deutschland. Die mächtige freitragende Sandsteinkuppel ist die größte Steinkuppel nördlich der Alpen; sie wiegt nicht weniger als 12 000 Tonnen. Die Kuppel hat eine Höhe von 24 Metern sowie einen Außendurchmesser von etwa 26 Metern. Die Besucherplattform auf der Turmlaterne befindet sich in einer Höhe von 67 Metern. Bis zur Spitze des Kreuzes beträgt die Höhe rund 91 Meter. Der Zentralbau besitzt einen Grundriss in der Form eines griechischen Kreuzes; die vier Ecktürme wirken gegen die dazwischen aufragende Kuppel aus Sandstein klein.

Der Altarraum der Frauenkirche wurde 1733–1739 von Johann Christian Feige d. Ä. und Benjamin Thomae mit

George Bähr
1666–1738, Baumeister. Seit 1705 Ratszimmermeister in Dresden, baute Bähr 1708 die Kirche von Dresden-Loschwitz, mehrere Dorfkirchen in der Umgebung und Wohnhäuser. Sein Hauptwerk ist die Dresdner Frauenkirche, mit deren Bau er 1722 von August dem Starken beauftragt wurde. Bähr bekam 1730 von August dem Starken als erster den Titel Architekt verliehen.

festlichem barocken Altarwerk ausgestattet. Die acht Gemälde in der Innenkuppel wurden von dem italienischen Maler Johann Baptist Grone gemalt und stellten die vier Evangelisten Matthäus, Markus, Lukas und Johannes sowie die christlichen Tugenden Glaube, Liebe, Hoffnung und Barmherzigkeit dar. Die Orgel stammte von Johann Gottfried Silbermann und wurde 1736 durch den Leipziger Thomaskantor Johann Sebastian Bach eingeweiht.

Bei der Bombardierung Dresdens geriet die Innenausstattung durch Funkenflug aus der brennenden Stadt in Brand, das in den Katakomben eingelagerte Filmmaterial verbrannte, und die Kirche glühte von innen aus. Zwei Tage nach dem verheerenden Angriff, am 15. Februar 1945, stürzte die Kirche zusammen. Die Trümmer blieben während der DDR-Zeit als Mahnmal gegen Krieg und als Erinnerung an die Opfer des Bombenkrieges stehen. 1991 wurde der Wiederaufbau durch die sächsische Landessynode beschlossen. Am 31. Oktober 2005 konnte die Frauenkirche geweiht werden. Das Projekt unter der Leitung des Baumeisters Eberhard Burger kostete 180 Millionen Euro und wurde zu großen Teilen aus Spendengeldern finanziert. Die außen zu sehenden schwarzen Steine sind Originalstücke, die aus den Trümmern geborgen wurden. Die Innenausstattung der Kirche wurde originalgetreu kopiert. Die Neuausmalung der Kuppel besorgte der Dresdner Maler Christoph Wetzel. Der Kirchenraum fasst mehr als 1600 Personen. Das beschädigte Turmkreuz, das 1993 in den Trümmern gefunden wurde, steht zur Erinnerung im Innern der Kirche. Die neue Orgel wurde von der Straßburger Orgelmanufaktur Daniel Kern gebaut.

15 | Neumarkt

Dresden Information (Neumarkt 2)
Jan./Feb.: Mo–Fr 10–18 Uhr, Sa 10–16 Uhr, So 10–14 Uhr;
März–Dez.: Mo–Fr 10–19 Uhr, Sa 10–18 Uhr, So 10–15 Uhr

Der Neumarkt entstand im Zuge der um 1525 begonnenen großen Osterweiterung der Stadtfestung. Die umliegenden Gassen mit ihren Bürgerhäusern mit prächtigen Fassaden samt Erkern, Ornamenten und Portalen waren

Oben: Luther-Denkmal
Links: Altar und Orgel der
Frauenkirche

»Hôtel de Saxe« mit Denkmal für König Friedrich August II.

Theo Adam

1926–2019, Sänger und Regisseur. Adam gehörte von 1937 bis 1944 dem Dresdner Kreuzchor an und nahm später Gesangsunterricht bei Rudolf Dittrich. Nach Engagements an den Opern in Dresden und Berlin war er als Bassbariton Gast an den großen Opernbühnen der Welt. Besonders als Lied- und Oratoriensänger erlangte er Weltruhm. Seit 1972 arbeitete er auch als Opernregisseur (Wagner, Mozart, Tschaikowski, Strauss). 2006 beendete er seine Sängerkarriere.

Kleinodien barocker Baukunst. Im Februar 1945 wurde auch der Neumarkt mit den umliegenden Gassen in Schutt und Asche gelegt; die Ruinen wurden später abgebrochen, obwohl etliche wieder aufbaufähig gewesen wären, und ein trostloser Platz blieb zurück. Seit der Jahrtausendwende entstanden rund um den Neumarkt und in angrenzenden Straßenzügen zahlreiche Rekonstruktionen historischer Gebäude, ebenso Neubauten, um den einstigen Stadtkern wieder aufzuwerten. Mit den Wohnhäusern von Hofkapellmeister Heinrich Schütz (Nr. 12) und gleich daneben dem von Böttgermeister Johann Köhler sind zwei wichtige Gebäude originalgetreu wieder entstanden. Seit 2021 ist die Neubebauung des Neumarktes abgeschlossen.

In der Mitte des Platzes steht das bronzene Lutherdenkmal, das 1885 von Adolf von Donndorf geschaffen wurde. Der Lutherkopf ist nach dem Tonmodell von Ernst Rietschel, das er für das Denkmal in Worms entworfen hatte, gestaltet. Vor dem »Hôtel de Saxe« steht das Denkmal des sächsischen Königs Friedrich August II., um 1867 nach Entwürfen von Ernst Hähnel geschaffen. An der Frauenkirche wurde ein drei mal drei Meter großes Segment ihrer alten Kuppel aufgestellt.

16 | Rampische Straße

Die Rampische Straße war eine der schönsten Barockstraßen Dresdens. Der Blick vom Kurländer Palais zur Frauenkirche mit dem Eckhaus zur Salzgasse im Vordergrund gehörte zu den bekanntesten Malermotiven der Stadt. Nach den Bomben vom Februar 1945 blieben zwar einige Fassaden erhalten, doch wurden sie wie das gesamte Neumarktviertel bis 1956 gesprengt. Zum großen Teil wurde hier in den letzten Jahren nach historischem Vorbild rekonstruiert. Ein sehenswertes Beispiel ist das prachtvolle barocke Eckhaus Nummer 33 zur Salzgasse nach Entwürfen von Matthäus Daniel Pöppelmann, das seit 2013 wieder aufgebaut wurde. Einst gehörte es Maria Anna Spiegel. Auch das Eckhaus Rampische Straße 1 / An der Frauenkirche, das 1716/17 nach Plänen George Haases für den Büttner Valentin Kolbe mit reichlich Dekor errichtet worden war, ist wieder hergestellt. Am prachtvollen Eckerker befindet sich ein Frauenkopf – es ist das geborgene Original. Ebenfalls mit Mansarddach und Schleppgaupen neu erbaut wurde das Haus Neumarkt 29, das 1715/20 von George Haase errichtet wurde. Es wird von der Kanzlei des sächsischen Landesbischofs sowie von Studenten der Musikhochschule genutzt.

Maria Anna Spiegel
Um 1681–1755. Als etwa fünfjähriges Kind war Fatime als »Beutetürkin« bei der Einnahme von Ofen (Buda, 1686) durch die Kaiserlichen nach Polen verschleppt worden. August der Starke lernte sie 1701 kennen. Sie wurde seine Mätresse und schenkte ihm zwei Kinder, die er 1724 legitimierte und in den Grafenstand erhob, Friedrich August Graf von Rutowski (1702–1764) und Maria Aurora Gräfin von Rutowska (1706–1746). August verheiratete Fatime mit seinem Kammerherrn Johann Georg Spiegel.

17 | Jüdenhof

Friedensbrunnen

Bei den Zerstörungen des Zweiten Weltkriegs verschwand auch der Jüdenhof vollständig. Mittlerweile ist der Wiederaufbau der ihn einst begrenzenden Fassaden und Straßenzüge vollendet und die Westseite des Platzes wieder geschlossen. Seinen Namen trug der kleine Platz im Westen des Neumarkts nach der im Mittelalter hier befindlichen Synagoge, die 1411 konfisziert und in ein Gewandhaus umgewandelt worden war, an dessen Stelle im 16. Jahrhundert das heutige Johanneum trat. Den westlichen Abschluss des Jüdenhofes bildet das Dinglingerhaus, das 1711 von Matthäus Daniel Pöppelmann entworfen und ab 1716 vom Juwelier Georg Christoph Dinglinger, dem Bruder von Johann Melchior Dinglinger, bewohnt wurde. Es gilt als eines der wertvollsten barocken Bürgerhäuser und erstrahlt seit Sommer 2016 – unter Einbeziehung des historischen Kellers – in neuer Pracht.

Im Original erhalten geblieben ist der Friedensbrunnen. 1616 geschaffen, ist er heute der älteste Brunnen der Stadt. Die Säule trägt eine Skulptur der Siegesgöttin Victoria, geschaffen zur Erinnerung an die siegreiche Schlacht am Wiener Kahlenberg 1683 gegen die Türken, an der Kurfürst Johann Georg III. teilgenommen hatte.

Jüdenhof mit Dinglinger-
haus

18 | Johanneum

Verkehrsmuseum Di–So 10–18 Uhr

Das Johanneum gehört als ehemalige Wagenremise zum Dresdner Residenzschloss. Erbaut wurde es 1586/90 für Kurfürst Christian I. Zum Neumarkt zeigt die klassizistische Hauptfassade mit hohen Rundbogenfenstern und der Englischen Treppe. Das Gebäude wurde mehrfach umgebaut. Am Giebel weithin sichtbar ist das sächsischpolnische Wappen angebracht, denn von 1697 bis 1763 bestand zwischen dem wettinischen Kurfürstentum Sachsen und dem Königreich Polen-Litauen eine Personalunion; Kurfürst Friedrich August I. von Sachsen, genannt der Starke, war als August II. König von Polen.

Seit dem Ende des 19. Jahrhunderts hat hier das Verkehrsmuseum seine Heimat. Zu sehen sind außer einer Sänfte von 1705, dem ältesten Stück der Sammlung, vor allem sächsische Hilfsmittel bei der Fortbewegung des Menschen. Den größten Raum nimmt die Geschichte der Eisenbahn ein; hier steht die älteste erhaltene Lokomotive Deutschlands, die »Muldental« von 1861. Es gibt zahlreiche Sonderausstellungen und einen eigenen Ausstellungsbereich zur Schifffahrt.

August der Starke, Relief am Johanneum

19 | Stallhof

Der Stallhof gehört zum Residenzschloss und war einst Turnierplatz. Der anschließende 100 Meter lange »Lange Gang«, der einstige Zuschauerraum, verbindet den Georgenbau mit dem ehemaligen Stallgebäude, heute Johanneum. Im Inneren des Ganges befindet sich der »Lange Saal«. Der Stallhof wurde 1591 unter Kurfürst Christian I. fertiggestellt und ist damit wohl der älteste original erhaltene Turnierplatz der Welt. Heute wird er für kulturelle Veranstaltungen und den Mittelalter-Weihnachtsmarkt genutzt. Die beiden über sechs Meter hohen Ringstechsäulen aus Bronze stammen aus dem Jahr 1601.

20 | Fürstenzug

Der »Lange Gang« wird von außen geschmückt durch den Fürstenzug, der zur 800-Jahr-Feier des Hauses Wettin (1889, Entwurf von 1865) entworfen wurde. Es ist die Ahnengalerie der Wettiner von 1127 (Konrad der Große) bis 1904 (König Georg) in der Reihenfolge ihrer Regentschaft auf Meissener Porzellan gemalt; es fehlt nur der letzte sächsische König Friedrich August III. Insgesamt sind 94 Personen abgebildet – außer den Markgrafen, Herzögen, Kurfürsten und Königen des Hauses Wettin auch Wissenschaftler, Künstler, Handwerker, Soldaten, Kinder, Bauern, dazu Pferde und zwei Windhunde. Der Zug ist 102 Meter lang, über 9 Meter hoch, auf rund 25 000 Meissener Porzellanfliesen gemalt und nimmt insgesamt eine Fläche von 957 Quadratmetern ein – damit ist er das größte Porzellanbild der Welt. Er soll wie ein großer Wandteppich wirken, oben sind Befestigungsknöpfe aufgemalt, unten scheinen Quasten zu baumeln. Man kann lange verweilen und zahlreiche Details entdecken: Das Pferd von August dem Starken zertritt z. B. eine Rose; sie steht wohl für die gebrochenen Herzen all seiner Geliebten. Der Fürstenzug ist die eindrucksvollste Ahnengalerie, die sich ein deutsches Herrscherhaus je leistete.

Auf dem Schlossplatz steht seit 2008 das Denkmal für Friedrich August I. von Ernst Rietschel (1843). Es war ursprünglich im Zwinger aufgestellt, später vor dem Japanischen Palais. Das Sächsische Ständehaus, ein Vierflügelbau im Stil der Neorenaissance, wurde nach Plänen von Paul Wallot 1901/07 erbaut. Den 50 Meter hohen Turm krönt die vergoldete Saxonia. Heute ist hier das Oberlandesgericht Dresden untergebracht.

Friedrich August I. von Sachsen

1750–1827, ab 1763 als Friedrich August III. Kurfürst und von 1806 bis zu seinem Tode als Friedrich August I., genannt der Gerechte, König von Sachsen. In seine Regierungszeit fällt der Wiederaufbau der sächsischen Wirtschaft, die nach dem Siebenjährigen Krieg schwer zerstört war, aber auch 1815 der Verlust von etwa zwei Dritteln des sächsischen Territoriums an Preußen. Seine Regierungszeit von 64 Jahren war die längste eines Wettiners.

Sächsisches Ständehaus, heute Oberlandesgericht Dresden

Georgenbau und Hausmannsturm

21 | Residenzschloss

Staatliche Kunstsammlungen Dresden
Mi–Mo 10–18 Uhr
Besucherzentrum (Taschenberg, Ecke Schlossstraße)
10–18 Uhr, Tickets 0351 49 14 20 00,
besucherservice@skd.museum

Wettiner
Die über 800 Jahre bestehende Dynastie der Markgrafen, Kurfürsten und Könige von Sachsen, Thüringen und der Lausitz, deren Name von der Stammburg Wettin hergeleitet ist, wurde 1485 in die Ernestinische (Ernst von Sachsen) und Albertinische (Albrecht der Beherzte) Linie geteilt. Die Albertinische Linie stellte die Kurfürsten bzw. seit 1806 die Könige von Sachsen (1485–1918) sowie in Personalunion die Könige von Polen (1697–1763).

Das Residenzschloss war von 1547 bis 1918 Stammsitz der **Wettiner**, der sächsischen Kurfürsten und Könige. Als eines der ältesten Bauwerke der Stadt vereinigt es alle Stilrichtungen von der Romanik bis zum Historismus. Durch Bomben zerstört und bis auf die Grundmauern niedergebrannt, begannen schon in den 1960er Jahren die ersten Aufbauarbeiten am Georgenbau, die aber zu keinem Ergebnis führten. Erst zu Beginn der 1990er Jahre wurde mit dem Wiederaufbau begonnen. Das Schloss ist seit 2015 vollständig wiederhergestellt. Die Kosten betrugen über 330 Millionen Euro. Der große Schlosshof wird für Freiluftveranstaltungen genutzt, der kleine als Besucherfoyer. Er ist mit einem transparenten Rauten-Membran-Dach des Architekten Peter Kulka überspannt. Den Hauptzugang zum Schloss bildet die Englische

Treppe von 1693; das Renaissance-Portal von 1555 führt zur Schlosskapelle.

Der **Georgenbau**, der ursprüngliche Stadtausgang zur Elbbrücke, wurde von Herzog Georg dem Bärtigen veranlasst und von 1530 bis 1535 errichtet; er war der erste Renaissancebau in Dresden. Nach dem Schlossbrand von 1701 wurden im Georgenbau die kurfürstlichen bzw. königlichen Gemächer eingerichtet. Beim Umbau des Schlosses an der Wende zum 20. Jahrhundert wurde die Fassade des Georgenbaus im Stil der Neorenaissance umgestaltet und das vier Meter hohe Reiterstandbild von Herzog Georg eingefügt. Seit 2015 beherbergt der Georgenbau das **Münzkabinett**, das mit fast 300 000 Objekten zu den größten und ältesten Münzsammlungen Deutschlands zählt.

Das **Grüne Gewölbe**, die einstige Schatzkammer der Wettiner, gepriesen als »prächtigste Schatzkammer Deutschlands«, ist die Attraktion des Schlosses. Einst in einem grüngestrichenen Tresor im Schloss untergebracht, wurden die Schätze durch August den Starken bis 1729 ans Licht geholt, der damit sein Museum einrichten ließ. Zu bewundern sind Gold, Silber, Elfenbein und Bernstein, die durch das Können der Künstler zu beeindruckenden Arbeiten von schier unermesslichem Wert

Gesamtansicht des Residenzschlosses von der Sophienstraße

Johann Melchior Dinglinger

1664–1731, Hofgoldschmied bei Kurfürst August dem Starken. Er schuf für seinen Fürsten Kunstwerke wie das »Goldene Kaffeezeug« und den »Hofstaat zu Delhi am Geburtstag des Großmoguls Aureng-Zeb« (genannt »Die Puppenstube«), bestehend aus 132 goldenen, emaillierten Figuren, verziert mit 5223 Diamanten, 189 Rubinen, 175 Smaragden, 53 Perlen und einem Saphir, die zu den ungewöhnlichsten und wertvollsten Sehenswürdigkeiten des Grünen Gewölbes zählen. Er berechnete dafür 58 485 Taler, etwa den Wert von Schloss Pillnitz!

Oben: Mohr mit Smaragdstufe (ca. 1724) aus dem Grünen Gewölbe
Rechts: Renaissancehof

wurden. Neben den märchenhaften Arbeiten des Hofjuweliers Johann Melchior Dinglinger ist wohl der Kirschkern, in den 180 Gesichter eingeschnitten sein sollen, am berühmtesten. Im Historischen Grünen Gewölbe, in das man nur durch eine Sicherheits- und Klimaschleuse gelangt, sind die Kunstwerke wieder so angeordnet und aufgestellt wie zu Augusts des Starken Zeiten. Juwelen und ein kostbarer Kabinettschrank sind Höhepunkte der Handwerkskunst und des zur Schau gestellten Reichtums des Fürsten der Barockzeit.

Die **Rüstkammer** mit ihrer Prunkwaffen-, Kostüm- und Harnischsammlung zählt zu den kostbarsten ihrer Art in der Welt. Anhand von mehr als 350 Objekten des späten 15. bis 17. Jahrhunderts kann der Besucher auf den Spuren von höfischen Festen, Ritterspielen und Jagden wandeln und erhält ein lebhaftes Bild fürstlicher Hofkultur. Seit 2019 ist auch das Paradegemach wieder zu besichtigen, das August der Starke 1719 anlässlich des Hochzeitsfestes von Kurprinz Friedrich August und der Kaisertochter und Erzherzogin Maria Josepha hatte eröffnen lassen. Der **Riesensaal**, in dem heute Teile der Rüstkammer gezeigt werden, ist 57 Meter lang und 13 Meter breit; er ging aus dem ehemaligen »Dantzsaal« hervor und entstand in seiner heutigen Dimension zwischen 1548 und 1553. Einst waren auf den Pfeilern zwischen den Fenstern Riesen aufgemalt. Der Saal diente dem höfischen Zeremoniell und unter August dem Starken vor allem Festlichkeiten und Maskenbällen. Nach dessen Tod wurde er in kleinere Räumlichkeiten aufgeteilt. Bis 2012 wurde die ursprüngliche Dimension des Raumes mit Tonnengewölbe wiederhergestellt.

In der »**Türckischen Cammer**« ist die orientalische Sammlung der sächsischen Fürsten ausgestellt. Sie existiert seit dem 16. Jahrhundert. Seit 1614 unter diesem Namen bekannt, wurde sie jedoch noch nie in eigenen Räumen präsentiert. Über mehrere Jahrhunderte trugen die sächsischen Herrscher durch Geschenke und Beutestücke aus Schlachten gegen die Osmanen, später auch durch Ankäufe, eine Sammlung exotischer Stücke zusammen, die zu den größten in Deutschland gehört. Als Prunkstück gilt ein 16 Meter langes und acht Meter breites osmanisches Staatszelt mit prächtigen Applikationen aus Seide und vergoldetem Leder.

Im Westflügel des Schlosses werden in thematischen Wechselausstellungen Schätze des **Kupferstich-Kabinetts** gezeigt. Insgesamt werden hier mehr als 500 000 Werke vom Mittelalter bis zur Moderne aufbewahrt; neben Kupferstichen auch Zeichnungen, Aquarelle, Radierungen, Lithografien sowie illustrierte Bücher, Fotografien und Plakate.

Der 100 Meter hohe **Hausmannsturm** mit seiner 30 Meter hohen Spitze und der noch einmal sechs Meter hohen Wetterfahne wurde 1674/76 von Wolf Caspar von Klenge errichtet. Das Herz des Residenzschlosses war Ausdruck des weltlichen Machtanspruches des Hauses Wettin. Der Turm überragt den der Kreuzkirche, und beim Bau der katholischen Hofkirche im 18. Jahrhundert achtete man darauf, dass deren Turm nicht höher wurde als der Hausmannsturm. Von April bis Oktober kann man nach einem Aufstieg über 327 Stufen einen atemberaubenden Blick über Dresden genießen.

In der Schlossstraße 22 (Ecke Kanzleigässchen), direkt gegenüber dem Eingang zum Schloss, findet man CAMONDAS Schokoladen-Kontor & -Museum, in dem man die Vielfalt der Schokoladen der Welt entdecken kann. Es ist in Dresden an der rechten Stelle, wurde doch hier 1839 die Milchschokolade in Tafelform erfunden.

Rechts: Residenzschloss mit Hausmannsturm
Unten: »Der Hofstaat zu Delhi am Geburtstag des Großmoguls Aureng-Zeb« von Johann Melchior Dinglinger

22 | Zwinger

Di–So 10–18 Uhr

Matthäus Daniel Pöppelmann

1662–1736, Architekt. Der Baumeister, der im Dienst von August dem Starken stand, prägte wie kein anderer den Dresdner Barock. Er begann mit dem Bau von Bürgerhäusern, bevor er 1705 zum Landbaumeister, später zum Oberlandbaumeister befördert und vom Kurfürsten auf Bildungsreisen nach Italien, Holland und Frankreich geschickt wurde. Dresden verdankt ihm u. a. das Japanische Palais, Schloss Pillnitz und die Augustusbrücke. Sein Hauptwerk ist der Zwinger, den er gemeinsam mit dem Bildhauer Balthasar Permoser schuf.

Der Zwinger ist das prachtvollste Werk des Baumeisters Matthäus Daniel Pöppelmann und des Bildhauers Balthasar Permoser. Als königlicher Festplatz angelegt, gehört er zu den wichtigsten und schönsten Barockanlagen Deutschlands. Für August den Starken stand eindeutig das Vergnügen im Vordergrund. Vor allem wollte er seine Orangenbäume von Leipzig nach Dresden kommen lassen, um diese auf mehreren übereinanderliegenden Terrassen aufzustellen. Der Bau begann 1709 mit der Orangerie auf dem damaligen Turnierplatz vor dem Schloss. Da der Platz sich zwischen der inneren und der äußeren Stadtmauer bei einer Wehranlage befand, behielt die Anlage den Namen Zwinger.

In der ursprünglichen Konzeption von August dem Starken war der Zwinger als Vorhof eines neuen Schlosses vorgesehen, das den Platz bis zur Elbe einnehmen sollte; daher blieb der Zwinger zur Elbseite hin zunächst unbebaut und wurde nur provisorisch mit einer Mauer abgeschlossen. Die Planungen zu einem Schlossneubau wurden jedoch nach Augusts Tod aufgegeben. Erst ab

1847 schloss Gottfried Semper die Lücke mit dem Bau der Gemäldegalerie (auch Sempergalerie genannt), die bis 1855 durch Karl Moritz Haenel vollendet wurde.

Durch das Kronentor, das die polnische Königswürde Augusts des Starken symbolisiert und sein übergroßes Prunkbedürfnis abbildet, betritt man den 116 x 204 Meter großen Zwingerhof, in dem ein Gebäude schöner als das andere ist. Das Tor führt mitten durch die Langgalerie; links schließt sich die Galerie des Mathematisch-Physikalischen Salons an, danach die Bogengalerie mit dem Wallpavillon (1715), ein Meisterwerk barocker Baukunst mit Herkules, der die Weltkugel trägt. Es folgt der Französische Pavillon, hinter dem das Nymphenbad liegt. Gegenüber dem Kronentor befindet sich die Sempergalerie, mit gut 127 Metern Länge und fast 24 Metern Höhe das größte Gebäude des Zwingers.

Die Südseite des Zwingers ist fast spiegelbildlich aufgebaut: der Deutsche Pavillon spiegelt den Französischen, die Galerie mit der Porzellansammlung den Mathematisch-Physikalischen Salon. Zwischen beiden Gebäuden steht der Glockenspielpavillon (1718/19).

Im Zwinger sind verschiedene Sammlungen untergebracht, die heute zum Museumskomplex der Staatlichen Kunstsammlungen Dresden gehören.

Balthasar Permoser
1651–1732, Bildhauer. Permoser, einer der bedeutendsten Bildhauer des Barock, wurde nach Studienaufenthalten in Italien 1689 als Hofbildhauer nach Dresden berufen. Sein Hauptwerk ist der Skulpturenschmuck aus Holz, Stein und Elfenbein für den Dresdner Zwinger, mit dem er die Formensprache der italienischen Barockplastik nach Sachsen brachte.

Kronentor und Zwingergraben

Gemäldegalerie

Die **Gemäldegalerie Alte Meister** zählt zu den weltweit größten Sammlungen europäischer Malerei und beherbergt deutsche Malerei des 16. Jahrhunderts, italienische des 14. bis 18. Jahrhunderts, holländische des 17. Jahrhunderts, spanische des 16. und 17. Jahrhunderts und französische des 17. und 18. Jahrhunderts. Ein Besuch ist Pflicht, selbst wenn es nur wegen der Highlights wäre: Raffaels »Sixtinische Madonna«, Rembrandts »Selbstbildnis mit Saskia«, Tizians »Zinsgroschen«, Gemälde von Albrecht Dürer, Lucas Cranach d. Ä. sowie Ansichten des alten Dresden von Bernardo Bellotto gen. Canaletto. Außerdem wurde in den bis 2020 neu gestalteten Semperbau die bedeutende **Skulpturensammlung bis 1800** mit antiken Bildwerken und Plastiken der Frühen Neuzeit integriert.

Im **Mathematisch-Physikalischen Salon** befindet sich die größte deutsche Sammlung von historischen Uhren und frühen feinmechanischen Instrumenten für die Wissenschaft, darunter Erd- und Himmelsgloben, optische, astronomische und geodätische Geräte, historische Instrumente zum Rechnen, Zeichnen und zur Bestimmung von Längen, Thermometer und Barometer. Viele Instrumente stammen aus der 1560 gegründeten Kurfürstlichen Kunst- und Raritätenkammer. Sie zeigen nicht nur den jeweiligen Stand der Wissenschaft, sondern auch des Kunsthandwerks. Bei der grundlegenden Sanierung bis ins Jahr 2013 legten Archäologen alte Leitungen der Wasserspiele des Grottensaales frei, weshalb die geplanten Keller zur Erweiterung der Ausstellungsfläche nicht ausgebaut werden konnten. Stattdessen wurde ein neuer unterirdischer Anbau für lichtempfindliche Geräte, Werkstatt und Depots geschaffen.

Die Dresdner **Porzellansammlung** gehört neben denen in Peking und in Istanbul zu den größten der Welt und beinhaltet das meiste japanische Porzellan außerhalb Japans. Nach wechselvoller Geschichte (u. a. Kriegsbeute und Rückgabe) ist die Sammlung seit 1962 im Zwinger untergebracht. August der Starke war besessen von der Chinamode und gründete 1710, nach der Entdeckung des Herstellungsgeheimnisses durch Böttger und Tschirnhaus, in Meißen die erste europäische Porzellanmanufaktur. Der Fürst sammelte Tausende Stücke – etwa 20 000 sind erhalten. Die wenigsten davon waren praktische Alltagsgegenstände; neben Tafelgeschirr stehen nun edle Vasen, Figuren und lebensgroße Plastiken, für die die Tiere des sächsischen Königs Modell standen. Der New Yorker Architekt Peter Marino, der die aktuelle Präsentation konzipierte, betont in der Ausstellung den Luxuscharakter der Porzellane.

Wallpavillon

Gottfried Semper
1803–1879, Architekt. 1834
erhielt Semper einen Ruf
als Professor für Archi-
tektur an die Akademie
nach Dresden. 1837 legte
er die ersten Entwürfe zur
Erweiterung des Zwingers
und zum Bau des Hofthe-
aters vor. 1847 wurde mit
dem Bau der Gemälde-
galerie begonnen. 1849
musste Semper wegen
seiner Teilnahme am
Maiaufstand aus Dresden
fliehen. 1863 konnte er
zurückkehren; den Bau
des neuen Hoftheaters
leitete sein Sohn Manfred.
Seine wichtigsten Gebäu-
de in Dresden sind das
Hoftheater (1838–1841,
1869 abgebrannt), die Ge-
mäldegalerie (1847–1855)
und die Semperoper
(1871–1878).

23 | Semperoper

Tickets (Tageskasse Schinkelwache) Mo–Fr 10–18 Uhr,
Sa 10–17 Uhr, bestellung@semperoper.de;
Tel. 0351 4 91 17 05, **Führungen** (Theaterplatz 2)
info@semperoper-erleben.de, Tel. 0351 3 20 73 60

Am 13. Februar 1985, dem 40. Jahrestag der Zerstörung,
konnte die Semperoper mit Carl Maria von Webers Oper
»Der Freischütz« wiedereröffnet werden, jener Oper,
die als letzte vor der Schließung des Hauses am 31. August 1944 aufgeführt worden war. Damit war eines der
schönsten Operngebäude der Welt wiedererstanden.
Den ursprünglichen Bau des Hoftheaters hatte Gottfried
Semper 1838/41 errichtet. Der Rundbau in den Formen
der italienischen Frührenaissance wurde als eines der
schönsten europäischen Theater berühmt. 1869 fiel das
Gebäude einem Brand zum Opfer. 1871/78 wurde auf
Befehl König Johanns nach Sempers Plänen ein Neubau
errichtet, der 1945 weitgehend zerstört wurde.

   An der schönen Neorenaissancefassade mit prächti-
gem Eingangsportal stehen vier Figuren in den Nischen,
die der Brand 1869 verschont hatte: Shakespeare und So-
phokles, Molière und Euripides. Die beiden den Eingang

flankierenden Sitzfiguren verkörpern die deutschen Dichter Goethe und Schiller. Die Innenausstattung steht der äußeren in keiner Weise nach, wie z. B. der Schmuckvorhang mit figürlicher Komposition und reich dekorierten Friesen von James Marshall.

Auf dem Theaterplatz vor der Oper, einem der schönsten Plätze Europas, steht das bronzene Reiterstandbild König Johanns (1889). Mit König Johann von Sachsen saß von 1854 bis 1873 ein Gelehrter und Schöngeist auf dem sächsischen Thron, der Dantes »Göttliche Komödie« übersetzte. Links von der Oper, an der Seite der Gemäldegalerie, befindet sich das Denkmal für den Komponisten **Carl Maria von Weber**, eine überlebensgroße Bronzestatue, die auf einem Sockel aus Meißner Granit aufgestellt ist. Die 1860 eingeweihte Plastik stammt von Ernst Rietschel. In der Altstädter Hauptwache, der sogenannten Schinkelwache, befindet sich die Vorverkaufskasse der Semperoper. Das Gebäude wurde 1830/32 von Joseph Thürmer nach Entwürfen des Berliner Architekten Karl Friedrich Schinkel erbaut und ist der einzige Schinkelbau Dresdens.

Denkmal für Carl Maria von Weber

24 | Kathedrale St. Trinitatis (ehem. Katholische Hofkirche)

Mo–Do/Sa 10–17 Uhr, Fr 13–17 Uhr, So 12–16 Uhr, **Führung** (mit Gruft) Apr.–Okt.: Mo–Fr 14 Uhr, Sa/So 13 Uhr

Um König von Polen werden zu können, musste August der Starke zum katholischen Glauben übertreten. Sein Sohn ließ durch den römischen Architekten Gaetano Chiaveri von 1739–1755 die Kirche in bester Elblage gleich neben dem Schloss errichten, die mit einer Grundfläche von 4800 Quadratmetern die größte Kirche in Sachsen ist und eine der letzten großen Leistungen des Barock darstellt. Sie ist durch einen Übergang mit dem Residenzschloss verbunden. Der Glockenturm hat eine Höhe von 86 Metern, wodurch er das Stadtbild prägt. Der italienische Bildhauer Lorenzo Mattielli schuf 1738–1748 die 74 Heiligenstatuen und die vier allegorischen Figuren Glaube, Hoffnung, Liebe und Gerechtigkeit am Turm, an

Carl Maria von Weber
1786–1826, Komponist, Dirigent und Pianist. Bereits 1804 wurde Weber 17-jährig Kapellmeister in Breslau. 1813/16 war er Operndirektor in Prag und vertonte u. a. mehrere Gedichte von Theodor Körner. Seit 1817 Königlicher Hofkapellmeister und Direktor der Deutschen Oper am Dresdner Hoftheater, stieg diese durch ihn für einige Zeit zur führenden deutschen Opernbühne auf. Mit dem »Freischütz« gelang ihm als Opernkomponist der Durchbruch. Weber gilt als Begründer der deutschen Volks- und romantischen Oper. Außerdem komponierte er eine große Anzahl von Instrumentalwerken und verfasste wichtige Musikschriften.

den Fassaden und auf den Balustraden. Sie bestimmen mit einer Größe von 3,50 Metern das äußere Bild der Hofkirche.

Im Innern fällt der ungewöhnliche Umgang um das Mittelschiff auf – geschaffen für Prozessionen, die im evangelischen Dresden nicht im Freien stattfinden durften. Die Barockkanzel stammt von Balthasar Permoser. Der Hochaltar ist aus Marmor, auf ihm steht der »Silberschatz der Hofkirche«, sechs Leuchter und das Kreuz. Darüber befindet sich das Altargemälde »Christi Himmelfahrt« des Dresdner Hofmalers Anton Raphael Mengs. Es kam 1769 in die Kirche und ist eines der größten Altarblätter Deutschlands (10 x 4,50 Meter). Die Orgel wurde von Gottfried Silbermann ab 1750 gebaut und nach seinem Tod 1753/55 von seinem Schüler Zacharias Hildebrandt fertiggestellt. Sie hat fast 3000 Pfeifen. Jeden Mittwoch und Sonnabend 11.30 Uhr gibt es ein Orgelvorspiel.

Die Kirche wurde mit Grabgewölben erbaut und schon zu Beginn die Stiftergruft angelegt. In der Gruft befinden sich 47 Sarkophage der Wettiner und die Kapsel mit dem Herzen Augusts des Starken. Sein Körper ist in Krakau beigesetzt.

Seit 1998 wird in der Benno-Kapelle auf dem dortigen Altar die Mitra des Heilgen Benno aus Meißen als Reliquie aufbewahrt. Benno war von 1066 bis 1106 Bischof von Meißen, ihm werden verschiedene Wunder zugeschrieben. Seit Mitte des 13. Jahrhunderts wurde er verehrt; Menschenmengen pilgerten zu seinem Grab und hofften auf Heilung. 1523 wurde er schließlich heiliggesprochen. Die ursprüngliche Nepomuk-Kapelle im Norden mit einer modernen Pietà aus Meissener Porzellan von dem Dresdner Bildhauer Friedrich Press (1904–1990) erinnert als Gedächtniskapelle an die Opfer des 13. Februar 1945. Während der Luftangriffe wurde die Kirche stark beschädigt und brannte aus. Die Spuren der Zerstörung sind noch heute an der unterschiedlichen Steinfärbung des Kirchenschiffes erkennbar. 1962 wurde der Hochaltar, 1972 die Kreuzkapelle, 1976 die Gedächtniskapelle und 1984 die Sakramentskapelle neu geweiht. 1980 ist die Kirche durch vatikanisches Dekret zur Kathedrale Sanctissima Trinitatis des Bistums Meißen erhoben worden.

Hochaltar mit Altargemälde »Christi Himmelfahrt«

Unterwegs in der Neustadt

25 | Augustusbrücke

Die berühmteste Elbbrücke verbindet die Altstadt mit
der Neustadt; sie wurde 1287 erstmals erwähnt und ist
damit eine der ältesten Steinbrücken nördlich der Alpen.
1727 nach Plänen von Pöppelmann umgebaut, wurden
die 17 Bögen bald zum Hindernis für die Schifffahrt. Heute geht man über die 1907/10 erneuerte Brücke, die dem
Original nachempfunden ist. Sie ist 330 Meter lang und
17 Meter breit. Beim Übergang zur Neustadt sollte man
den herrlichen Blick über die Elbe genießen.

26 | Archiv der Avantgarden – Egidio Marzona (ADA)

Di–Fr 15–21 Uhr, Sa/So 11–19 Uhr

Gleich links an der Brücke passiert man das barocke
Blockhaus. Das einstige Neustädter Wach- und Zollhaus
wurde 1732/37 nach Plänen des französischen Architekten Zacharias Longuelune erbaut.

Das imposante freistehende Gebäude, das schon Formen des Frühklassizismus aufweist, erfuhr mehrere Umbauten und Nutzungen und wurde zuletzt durch das Hochwasser 2013 stark geschädigt. Nach einem sechsjährigen Umbau durch das spanisch-deutsche Architekturbüro Nieto Sobejano Arquitectos wurde es 2024 als Archiv der Avantgarden – Egidio Marzona (ADA) eröffnet. In einem modernen funktionalen Raum scheint ein Betonkubus zu schweben, der eine öffentlich zugängliche Forschungsplattform und Platz für Ausstellungen und Veranstaltungen bietet. Der Namensgeber und Stifter hatte den Staatlichen Kunstsammlungen Dresden 2016/2018 mehr als 1,5 Millionen Objekte geschenkt, die zu den bedeutendsten Zeugnissen der künstlerischen Avantgarde des 20. Jahrhunderts gehören. Marzona (*1944) sammelt nicht nur die Kunstwerke selbst, sondern Archivalien und Ephemera, vor allem wie und in welchem Umfeld die Kunstwerke erschaffen wurden. Zu sehen sind u. a. Briefwechsel, Entwürfe, Künstlerbücher, Plakate, Kataloge, Kunstwerke und Designerobjekte von Pablo Picasso, Ludwig Mies van der Rohe, Max Beckmann, Paul Klee, Niki de Saint Phalle, Andy Warhol und Joseph Beuys. Sie bilden die verschiedenen Avantgarde-Bewegungen wie Dada, Surrealismus, Cobra, Fluxus u. a. ab.

Blockhaus

27 | Goldener Reiter

Durch die Unterführung auf der rechten Straßenseite gelangt man zum Neustädter Markt und zur Hauptstraße. Zu DDR-Zeiten hieß sie Straße der Befreiung; rechts ist noch ein Bild aus jener Zeit, ein Mosaik zum 30. Jahrestag der DDR 1979, erhalten, das die Städte und Kreise des einstigen Bezirkes Dresden abbildet. Die Hauptstraße ist heute ein beliebter Boulevard mit alten Platanen in der Mitte. Auf dem Neustädter Markt, von dessen einst prächtiger Bebauung nichts übrig blieb, steht der Goldene Reiter.

Das vergoldete Reiterstandbild **Augusts des Starken**, entworfen vom Hofbildhauer Jean Joseph Vinache, 1733 in Kupfer gegossen vom Kanonenschmied Ludwig Wiedemann, ist ein Wahrzeichen der ehemaligen Residenzstadt und das bekannteste Denkmal der sächsischen Landeshauptstadt. Das Postament stammt von Constantin Lipsius aus dem Jahr 1884. Im Zweiten Weltkrieg in Pillnitz eingelagert, fiel das Denkmal nicht den Bomben zum Opfer, musste aber restauriert werden. 1956 wurde es im Rahmen der 750-Jahr-Feier Dresdens wieder an alter Stelle aufgestellt und im Jahr 1965 erneut mit etwa 200 Gramm Blattgold überzogen.

August der Starke
1670–1733. Als Kurfürst Friedrich August I. von Sachsen und als August II. König von Polen (ab 1697 nach seinem Übertritt zum katholischen Glauben) gab er einer Epoche den Namen: Augustäisches Zeitalter. Die wohl schillerndste Figur der Barockzeit ging in die Geschichte durch höfische Pracht, ausgedehnte Bautätigkeit, die Dresden zur Barockmetropole machte, und durch Sammelleidenschaft ein. Mit Augusts Namen sind die Förderung von Kunst und Kultur, aber auch verheerende Kriege verbunden.

28 | Innere Neustadt

Die Innere Neustadt erstreckt sich zwischen Elbe und Albertplatz, Palaisplatz und Glacisstraße. August der Starke ließ den 1685 abgebrannten Stadtteil Altendresden als Neue Königsstadt, heute Neustadt, wieder aufbauen. Es entstanden prächtige Barockbauten, von denen nur wenige den Zweiten Weltkrieg überstanden; doch das Viertel erstrahlt nun wieder im alten Glanz. Die Innenhöfe sind ebenso liebevoll restauriert, es entstanden kleine Läden und Cafés. Das Eckhaus Rähnitzgasse 8 ist mit der benachbarten Nummer 10 das vermutlich älteste Haus der ganzen Stadt, weil es beim Brand 1685 nicht völlig zerstört wurde. Durch die Hauptstraße gehend – auf der Linken zum Teil schöne Barockhäuser, rechts DDR-Plattenbauten –, gelangt man zu den Kunsthandwerkerpassagen.

29 | Kunsthandwerkerpassagen

Die Kunsthandwerkerpassagen befinden sich im größten barocken Bürgerhausensemble Dresdens (Hauptstraße 9–19). Die sechs noch vollständig erhaltenen Gebäude des 18. Jahrhunderts wurden mit großem Aufwand

Caspar David Friedrich 1774–1840, Maler und Zeichner. Der bedeutende Künstler der Romantik entwickelte eine völlig neue Form der Landschaftsmalerei. In seiner Geburtsstadt Greifswald erhielt er ersten Zeichenunterricht und studierte ab 1794 an der Königlich Dänischen Kunstakademie in Kopenhagen. Ab 1798 lebte er in der Kunststadt Dresden. Er arbeitete im Freien, fertigte Federzeichnungen und Sepiablätter an, die er verkaufen konnte und gehörte damit zu den ersten freien Künstlern. Ab 1807 malte er Ölbilder und schuf bedeutende Gemälde von hoher Meisterschaft.

Gerhard von Kügelgen
1772–1820, Porträt- und Historienmaler. Nach Studienreisen nach Rom und Riga ließ sich Kügelgen als Maler in Dresden nieder. Sein Haus »Gottessegen« war Treffpunkt von Persönlichkeiten und Künstlern der Frühromantik. Zu Kügelgens Werken gehören Porträts von Goethe, Caspar David Friedrich, Herder, Theodor Körner, Schiller, Seume, Uhland und vielen anderen Schriftstellern, Künstlern und Wissenschaftlern seiner Zeit. Er wurde Opfer eines Raubmörders.

originalgetreu restauriert. Sechs Passagen mit ihren kleinen Schauwerkstätten bieten Besuchern einen Einblick in den Facettenreichtum sächsischer Handwerkskunst. Eine Pause sollte man sich in der gemütlichen Winzerstube »Zum Rebstock« (Hauptstraße 17) gönnen, in der es Weine aus Sachsen direkt vom Winzer gibt.

30 | Kügelgen-Haus

Museum der Dresdner Romantik Mi–Fr 10–17 Uhr, Sa/So 12–17 Uhr

In dem schönen Rokokohaus (Hauptstraße 13) wohnte ab 1808 der Maler Gerhard von Kügelgen, der eng mit den Dresdner Romantikern verbunden war. Auch Goethe war bei ihm zu Gast. Das Museum thematisiert die Zeit der Romantik vom ausgehenden 18. bis zur Mitte des 19. Jahrhunderts. Bedeutende Künstler wirkten damals in Dresden: der Kunstmäzen Christian Gottfried Körner mit seinem Freundeskreis, zu dem auch Friedrich Schiller gehörte, Novalis, Caspar David Friedrich, Carl Gustav Carus, Philipp Otto Runge, Ludwig Tieck, E.T.A. Hoffmann. Nach einem Gemälde von Georg Friedrich Kersting wurde das Atelier Kügelgens nachgestaltet; es gehört zu den schönsten Räumen des Hauses.

31 | Dreikönigskirche

Sandsteinaltar mit den törichten und klugen Jungfrauen vor Jesus Christus (1741)

Der Barockbau, erbaut 1732/39 nach Plänen von Matthäus Daniel Pöppelmann und George Bähr, musste auf Befehl Augusts des Starken in die Straßenflucht gebaut werden, sodass die Kirche nach Westen ausgerichtet ist. Der Altar von Johann Benjamin Thomae (1741) steht demzufolge an der Westseite; seine Kriegsschäden wurden bewusst nicht beseitigt. Die bis 1887 einzige evangelisch-lutherische Kirche in Dresden-Neustadt wurde im Zweiten Weltkrieg zerstört und bis 1990 wieder aufgebaut. Von 1989 bis 1993 tagte hier in Ermangelung eines eigenen Gebäudes der neue Sächsische Landtag. Bemerkenswert sind das Wandbild »Versöhnung« von Werner Juza (1989) und der Dresdner Totentanz von 1534 unter

Markthalle

der Orgelempore. Dieses in Mitteleuropa einzigartige Renaissance-Sandsteinrelief befand sich ursprünglich am Georgentor. August der Starke übereignete es 1721 der Dreikönigsgemeinde. Der 87,5 Meter hohe Turm wurde erst 1857 gebaut. Seine Fassade schmücken Skulpturen der vier Evangelisten und der Heiligen Drei Könige. Von der Aussichtsplattform kann man den berühmten »Canaletto-Blick« genießen und bis weit ins Elbsandsteingebirge sehen. Heute wird das Haus der Kirche als Konzert- und Veranstaltungsstätte genutzt.

32 | Markthalle

Mo–Sa 8–20 Uhr

Gegenüber der Dreikönigskirche kann man einen Blick in die 1899 eingeweihte Markthalle werfen, die im Jahr 2000 nach umfangreicher Sanierung als Kaufhalle wiedereröffnet wurde. Der imposante, 86 Meter lange und 30 Meter breite Sandsteinbau wird in 17 Metern Höhe von einem Oberlicht überwölbt. An der Seite zur Hauptstraße ist die Halle mit einem in Sandsteinquadern ausgeführten Kopfbau verbunden. Außer frischen Lebensmitteln gibt es hier ein Café, ein Bistro und verschiedene Dienstleister; im Winterhalbjahr findet sonnabends auch der vielbesuchte Kunst-, Antik- und Trödelmarkt statt.

Ludwig Tieck
1773–1853, Schriftsteller, ein Hauptvertreter der Romantik. Von 1819 bis 1841 wirkte Tieck als Dramaturg am Hoftheater in Dresden. Durch seine »dramatischen Vorlesungen« sammelte er einen Kreis um sich, der seine Anschauungen von der Kunst als maßgebend anerkannte. Zu seinen bekanntesten Novellen (12 Bände) gehören »Die Gemälde«, »Die Reisenden«, »Der Alte vom Berge«, »Die Gesellschaft auf dem Lande«, »Die Verlobung«, »Musikalische Leiden und Freuden«, »Des Lebens Überfluß« u. a.

33 | Erich Kästner Museum

So, Mo, Do, Fr 10–17 Uhr, Mi 12.30–17 Uhr

Durch die Hauptstraße gelangt man zum Albertplatz, von dem neun Straßen in alle Himmelsrichtungen führen. Den Mittelpunkt der 1875 erfolgten gartenarchitektonischen Gestaltung bilden die Zwillingsbrunnen »Stille Wasser« und »Stürmische Wogen«.

Am Albertplatz liegt die Villa Augustin (Antonstraße 1), die seit 2000 das Erich Kästner Museum beherbergt. Hier lebte der Onkel Kästners, Franz Augustin, ein reicher Pferdehändler. Das Museum ist als interaktives »micromuseum« gestaltet, dessen Exponate sich in 13 beweglichen Modulen in verschiedenfarbigen Schubladen befinden. Die Ausstellung wird seit 2015 ergänzt durch das »Museum ohne Wände – Erich Kästner Viertel«, bei dem die Besucher auf den Spuren Kästners durch die Neustadt spazieren können.

34 | Königstraße

Die Königstraße war das letzte Bauvorhaben Augusts des Starken und wurde von Matthäus Daniel Pöppelmann als eine 340 Meter lange und 30 Meter breite, mit Linden bepflanzte Prachtstraße entworfen. Sie war rechts und links von edlen Häusern flankiert, die den optischen Auftakt zum Japanischen Palais bilden sollten. Als einziges Dresdner Barockensemble überstand die Umgebung der Königstraße die Bombenangriffe, war aber zu DDR-Zeiten dem Verfall preisgegeben. Ab 1990 wurden die Königstraße und die benachbarten Straßen restauriert und damit zu einem der schönsten Quartiere der Stadt. Heute findet man auf der »Kö von Dresden« sehr gute Geschäfte und Restaurants. Lohnenswert ist ein Blick in die Seitenstraßen, denn hier findet man kleine Galerien, besondere Geschäfte, Restaurants, Kneipen und Hotels.

Erich Kästner
1899–1974, Schriftsteller. Geboren und aufgewachsen in der Dresdner Neustadt, bewahrte Kästner Zeit seines Lebens eine tiefe Liebe zu seiner Heimatstadt, die er in seinen Kindheitserinnerungen »Als ich ein kleiner Junge war« (1957) verewigte. Weltberühmt wurde Kästner mit seinen Kinderbüchern, u. a. »Emil und die Detektive« (1929), »Pünktchen und Anton« (1931), »Der 35. Mai« (1932) und »Das doppelte Lottchen« (1949). Aber auch als Journalist, Kritiker, Lyriker und Drehbuchautor gehörte Kästner zu den bedeutendsten deutschen Schriftstellern des 20. Jahrhunderts.

35 | Japanisches Palais

Di–So 10–18 Uhr

Meissener Porzellan
August der Starke, ein eifriger Sammler chinesischen Porzellans, war erpicht auf die Formel für Hartporzellan, die schließlich von Tschirnhaus und Böttger im Laboratorium unter der Jungfernbastei ab 1706 für das erste europäische Porzellan gefunden wurde. Die Werkstatt wurde aus Geheimhaltungsgründen auf die Albrechtsburg bei Meißen verlagert. Von August dem Starken wurde 1710 die Königlich-Polnische und Kurfürstlich-Sächsische Porzellan-Manufaktur gegründet. Seit 1731 sind die gekreuzten blauen Schwerter das Markenzeichen.

Den spätbarocken-klassizistischen Vierflügelbau (Palaisplatz 11) hatte August der Starke als Porzellanschloss geplant, um seine Sammlung wertvollster chinesischer, japanischer und Meissener Porzellane auszustellen. 1715 stand hier das Holländische Palais. 1727/33 wurde es von den Architekten Pöppelmann, Knöffel, Longuelune und de Bodt umgebaut. Das Dach erhielt die Form einer fernöstlichen Pagode. Das Giebelrelief (1733) an der Hauptfassade stellt die Porzellan produzierenden Nationen dar, die der Göttin Saxonia huldigen.

1945 zu großen Teilen ausgebrannt, konnte das Palais von 1951 bis 1987 rekonstruiert werden. In den ethnographischen und anthropologischen Sammlungen des **Museums für Völkerkunde** befinden sich rund 100 000 Objekte aus nahezu allen Erdteilen. Die ältesten Objekte stammen aus der im Jahre 1560 von Kurfürst August von Sachsen (»Vater August«) gegründeten Kunstkammer. Unter August dem Starken wuchsen die Sammlungen beträchtlich. 1728 wurden die Sammlungen im neu errichteten Zwinger untergebracht und die Kunstkammer von den naturwissenschaftlichen Sammlungen getrennt. 1875 wurde das Museum gegründet. Nach 25 Jahren Restaurierung ist erstmals das reich verzierte Damaskuszimmer zu bewundern, eine um 1810 (1225 islamischer Zeitrechnung) gefertigte Wand- und Deckenvertäfelung, die bis 1899 den Empfangsraum eines Damaszener Altstadthauses schmückte.

Die **Senckenberg-Sammlungen** beherbergen mehr als sechs Millionen Objekte aus aller Welt, darunter Wirbeltiere und Insekten sowie Spezialsammlungen aus unterschiedlichen Regionen der Erde, wie 30 000 Eier, 2000 Bälge und Präparate, hauptsächlich von Vögeln, eine Pflanzenkäfer-Sammlung und eine Sammlung paläarktischer Schmetterlinge. Auch Zeugnisse ausgestorbener Wirbeltierarten sind erhalten.

Am Elbufer Richtung Augustusbrücke entlang promenierend, kann man den schönen Panoramablick auf die historische Altstadt mit dem sogenannten Canaletto-Blick genießen. Außerdem erblickt man das Fabrikgebäude der ehemaligen Zigarettenfabrik Yenidze, das zu den architektonischen Sehenswürdigkeiten der Stadt gehört. Auf dem Weg zurück kommt man auch an einem Pavillon mit Glockenspiel vorbei, geschaffen von Paul Wolf (1935).

Bernardo Bellotto, genannt Canaletto 1722–1780, Maler. Wie sein berühmter Onkel Giovanni Antonio Canal, genannt »Canaletto«, ist der venezianische Maler für seine Veduten europäischer Städte bekannt. Nachdem er sich 1747 in Dresden niedergelassen hatte und 1750 zum Hofmaler ernannt worden war, entstanden hier Stadtansichten von höchster Vollendung, die noch heute unser Bild der Barockmetropole prägen.

Silhouette der Dresdener Altstadt (Canaletto-Blick)

Mit dem Schiff nach Pillnitz

36 | Dampferanlegestelle

www.saechsische-dampfschiffahrt.de

Zurück über die Augustusbrücke, gelangt man nach wenigen Schritten zur Anlegestelle der »Sächsischen Dampfschiffahrt«. Die 1836 gegründete Elbdampfschifffahrts-Gesellschaft ist die älteste und größte erhaltene Raddampferflotte der Welt. An den Anlegestellen der Weißen Flotte sind auch Sonderfahrten angezeigt. Die regelmäßig, im Sommer mehrmals täglich angebotene Schlösserfahrt führt an drei Schlössern und vielen anderen Sehenswürdigkeiten vorbei bis zum Schloss Pillnitz und zurück und dauert ohne Ausstieg drei Stunden. Sie ist auch möglich mit zwei (oder mehr) Stunden Aufenthalt, um Schloss und Park zu besichtigen.

Sächsische Staatsministerium der Finanzen und der Kultur mit der Darstellung der Saxonia

37 | Carolabrücke

Die originale Brücke von 1892 wurde im Zweiten Weltkrieg zerstört. Benannt wurde die Brücke nach Carola von Wasa-Holstein-Gottorp, der Gemahlin von König Albert. Die nachfolgende Brücke stammte aus den Jahren 1967/71 und war die verkehrsreichste der Stadt. Im September 2024 stürzte die Brücke teilweise ein. Sie musste daraufhin komplett abgebrochen werden und muss neu errichtet werden.

Nach links hat man einen Blick auf die Dresdner Neustadt. Am Ufer stehen das Sächsische Staatsministerium der Finanzen und der Kultur mit der Darstellung der Saxonia auf dem Giebelwandbild von Villeroy & Boch sowie die benachbarte Staatskanzlei. Das ehemalige Königliche Ministerium mit der goldenen Krone auf dem Dach ist heute Amtssitz des sächsischen Ministerpräsidenten.

38 | Albertbrücke

Die Steinbogenbrücke, gebaut 1875/77, ist benannt nach König Albert (S. 13); am Mittelpfeiler sieht man das Dresdner Stadtwappen. Am 7. Mai 1945 teilweise gesprengt, konnte die Brücke schon 1946 wieder aufgebaut werden.

Rechts hat man einen Blick auf die Johannstadt mit DDR-Plattenbauten, dafür wird man links entschädigt durch den schönen Rosengarten der Neustadt. Hier ist der Anleger der Fähre zwischen Neustadt und Johannstadt mit einem idyllischen Biergarten, dem »Fährgarten«.

39 | Waldschlösschenbrücke

Die 2007/11 gebaute Brücke kostete Dresden den im Jahre 2004 zuerkannten UNESCO-Welterbe-Titel, weil sie angeblich den Blick auf die grandiose Silhouette der barocken Dresdner Altstadt versperrt. Die Brücke hat eine Gesamtlänge von 636 Metern, zwei Stahlbögen mit einer Spannweite von 135 Metern tragen den mittleren Teil der Brücke. Benannt ist sie nach dem neogotischen Waldschlösschen des Grafen Marcolini (1785/90), das vom Wasser aus nicht sichtbar ist, dafür die Waldschlöss-chenbrauerei, die seit 1837 gutes Bier liefert. Gleich daneben, wo der Stadtteil Blasewitz mit seinen schönen Villen beginnt, liegt die »Saloppe«, das erste Wasserwerk der Stadt (1875), heute vielfältig kulturell und gastrono-misch genutzt.

40 | Schloss Albrechtsberg

1850/54 wurde das Schloss als reiner Sandsteinbau im klassizistischen Stil römischer Villen für den preußischen Prinzen Albrecht erbaut. Zu DDR-Zeiten befand sich im Schloss der »Pionierpalast Walter Ulbricht«, wobei die wertvolle Innendekoration im Wesentlichen erhalten blieb. Heute wird hier immer noch mit Kindern gearbeitet, durch die JugendKunstschule Dresden in erster Linie künstlerisch. Eine Hotel- und Gaststättenschule hat ihr Domizil im Schloss, es finden Konzerte und Lesungen statt, und es kann für festliche Anlässe gemietet werden. Vor dem Schloss, auf halber Berglage, steht eine Säulenhalle im Halbrund um ein Wasserbecken.

41 | Lingnerschloss

Das benachbarte klassizistische Lingnerschloss wurde 1850 ebenfalls im Auftrag des Prinzen Albrecht von Preußen errichtet als Wohnsitz für seinen Kammerherrn, den Baron von Stockhausen. 1906 kaufte es Karl August Lingner, der Schloss und Park umgestalten und eine private Standseilbahn ins Tal bauen ließ. Lingner, der 1921

Karl August Lingner
1861–1916, Unternehmer, Erfinder des Mundwassers »Odol« (Odous, griech. Zahn; Oleum, lat. Öl). Die Odol-Flasche, mit der Lingner ein Millionenvermögen verdiente, hat bis heute ihre charakteristische Form bewahrt. Seinen Reichtum zeigte er zwar, trat aber gleichzeitig als Volksaufklärer und großzügiger Mäzen in Erscheinung, u. a. mit Finanzierung einer Kinderklinik, einer Lesehalle und des Sächsischen Serumwerkes. Die von ihm initiierte und teilweise finanzierte 1. Internationale Hygiene-Ausstellung 1911 führte zur Einrichtung des Hygiene-Museums (Lingnerplatz 1, Di–So 10–18 Uhr).

Lingnerschloss und Schloss Eckberg

im Mausoleum im Park beigesetzt wurde, schenkte das Anwesen der Stadt »zum Besten der Bevölkerung von Dresden und Umgebung« mit zwei Bedingungen: freier Zutritt zu Park und Schloss für alle, zudem sollte im Hauptgebäude ein Café oder Restaurant mit den in der Umgebung niedrigsten Preisen eröffnet werden. Nach Nutzung durch den »Klub der Intelligenz« zu DDR-Zeiten, wobei ein Großteil der wertvollen Innenausstattung verloren ging, stand es seit 1993 leer und beherbergt heute nach Sanierung und Umbau ein Restaurant mit Biergarten, das einen herrlichen Blick auf Dresden bietet.

42 | Schloss Eckberg

1859/61 im neogotischen Stil errichtet, vermittelt das Schloss einen spätromantischen Eindruck vom Mittelalter. 1925 kaufte der Industrielle Ottomar Heinsius von Mayenburg das Schloss und öffnete den Park regelmäßig für Besucher. Nach seiner Enteignung 1952 wurde es Studentenwohnheim und Jugendtourist-Hotel. Nach grundlegender Renovierung und Ausbau ist es heute Nobelhotel. Zu sehen ist auch der Sommersitz des Hofjuweliers Dinglinger inmitten der Weinberge, und bald werden die Loschwitzer Villen sichtbar. Jedes Jahr im Juli findet die Dresdner Schlössernacht statt, die in die miteinander verbundenen Parkanlagen der drei Elbschlösser und in die »Saloppe« einlädt.

43 | »Blaues Wunder«

Die 1893 gebaute Loschwitzer Brücke, so ihr offizieller Name, die den Schiller- (Blasewitz) und den Körnerplatz (Loschwitz) verbindet, ist die einzige Brücke, die 1945 den anglo-amerikanischen Bombenangriff und den anschließenden Sprengversuch der auf dem Rückzug befindlichen Wehrmacht ohne Schäden überstanden hat (Gedenktafel auf der Blasewitzer Seite). Bis 1923 kostete ihre Überquerung für Fußgänger und Radfahrer 3 Pfennige Brückengeld, für Kraftfahrzeuge 20 Pfennige. Die gut 120 Jahre alte Stahlkonstruktion mit fast 150 Metern Spannweite, gebaut aus 3000 Tonnen vernietetem Walzstahl, ist gar nicht blau ... jedenfalls heute nicht mehr. Ihr erster Anstrich jedoch war blau. Sie wurde als Wunder bezeichnet, da sie als erste Brücke dieser Spannweite sich selbst trug und keine Pfeiler in der Elbe benötigte. Über ihre Zukunft wird diskutiert; man geht von einer Nutzung bis mindestens 2030 aus.

Ottomar Heinsius von Mayenburg
1865–1932, Apotheker und Botaniker, Erfinder der Zahnpasta in der Tube (Chlorodont, 1907) und Gründer der Leo-Werke, die in den 1920er Jahren bereits 20 Filialen in Deutschland, Europa und Amerika mit insgesamt über 1000 Beschäftigten hatten, für die er soziales Engagement zeigte. Mayenburg verdiente ein Vermögen und kaufte vier Schlösser, u. a. 1925 Schloss Eckberg. Er war leidenschaftlicher Gärtner und widmete sich vor allem der Umgestaltung des Parks, den er regelmäßig für Besucher öffnete.

44 | Schillerhäuschen

Schillerstraße 19, Ostern–Okt. Sa/So 10–17 Uhr

Charlotte Meentzen
1904–1940, Unternehmerin. Meentzen setzte als erste deutsche Kosmetikerin die Anwendung von rein pflanzlichen Wirkstoffen auf der Basis eines individuell abgestimmten Hautpflege-Konzeptes durch, das die damalige Schönheitspflege revolutionierte und bis heute Bestand hat. 1930 gründete sie in Dresden die heute älteste Naturkosmetikfirma Deutschlands. 1931 eröffnete sie eine Schule zur Ausbildung von Kosmetikerinnen. Nach Enteignung und Verstaatlichung zu DDR-Zeiten ist die Firma heute wieder in Besitz der Familie und erfolgreich tätig.

Im kleinsten Museum Dresdens, dem ehemaligen Gartenhaus Christian Gottfried Körners, einer Zentralfigur des Dresdner Geisteslebens im 18. Jahrhundert, wird an den Aufenthalt Friedrich Schillers von 1785 bis 1787 bei seinem Freund erinnert. Es ist nicht sicher, ob es tatsächlich dieses Gartenhäuschen war, in dem Schiller an seiner »Ode an die Freude« und am »Dom Karlos« schrieb, aber eigentlich tut das der schönen Erinnerung keinen Abbruch.

Hangaufwärts sind zwei technische Kuriositäten zu bewundern: Mit der ersten **Bergschwebebahn** der Welt, erbaut 1898–1900, fährt man aus dem ehemaligen Weinbau- und Fischerdorf Loschwitz nach Oberloschwitz, und mit der **Standseilbahn** (1895) vom Körnerplatz in vier Minuten den Elbhang hinauf ins Dresdner Villenviertel »Weißer Hirsch« (zum Restaurant »Luisenhof«). Im noblen Stadtteil 100 Meter über der Elbe, spätestens seit Uwe Tellkamps Roman »Der Turm« über Landesgrenzen hinaus bekannt, befand sich die Naturkosmetikfirma von **Charlotte Meentzen**. Auch **Manfred von Ardenne** hatte hier seine Residenz, seine weiße Villa ist vom Schiff aus gut auszumachen.

45 | »Weißer Hirsch«

Ab 1685 gab es hier einen Weinschank, der »Zum weißen Hirsch« hieß; ein solcher soll einst hier geschossen worden sein. Später gab der Gasthof dem ganzen Stadtteil seinen Namen, der 1921 nach Dresden eingemeindet wurde. Ab Ende des 19. Jahrhunderts wurden hier ausschließlich Villen gebaut, die maximal dreigeschossig waren und einen Mindestabstand zum Nachbarn aufweisen mussten. Seit 1875 war der »Weiße Hirsch« Kurort, bald von europäischem Rang; etliche Privatsanatorien hatten hier ihren Sitz. Nach Enteignungen nach 1945 und teilweisem Verfall wurden in den letzten Jahren etliche Villen ihren ehemaligen Besitzern bzw. deren Nachkommen zurückgegeben und saniert.

Blick von der Bergstation der Bergschwebebahn über Loschwitz nach Blasewitz

46 | Leonhardi-Museum

Grundstraße 26, Di–Fr 14–18 Uhr, Sa/So 10–18 Uhr

Manfred Baron von Ardenne
1907–1997, Naturwissenschaftler und Forscher. Sein Tätigkeitsfeld war vor allem die angewandte Physik; etwa 600 Erfindungen und Patente in der Funk- und Fernsehtechnik, Elektronenmikroskopie und Biomedizintechnik gehen auf ihn zurück. Er arbeitete u. a. auch an der Entwicklung der sowjetischen Atombombe mit. In den 1950er Jahren baute er sein privates Forschungsinstitut auf dem »Weißen Hirsch« auf, das ab Mitte der 1960er Jahre vor allem an der Behandlung von Krebserkrankungen arbeitete.

Das Museum im Fachwerkhaus »Rote Amsel« ist eine alte Wassermühle, die neben den Arbeiten des spätromantischen Malers Eduard Leonhardi Werke von Dresdner Künstlern zeigt und besonders die Moderne pflegt. Das Museum ist heute Städtische Galerie für zeitgenössische Kunst.

47 | Von Loschwitz nach Hosterwitz

In Loschwitz steht die »Generalprobe« George Bährs für die Frauenkirche; die **Loschwitzer Kirche** erbaute er 1705/08. Mit Straßenbahn oder Bus braucht man ca. 30 Minuten, um vom Dresdner Zentrum in das ehemalige Fischerdorf, heute ein Ort für Kunst und Künstler, zu gelangen.

Im Stadtteil Wachwitz liegt im Königlichen Weinberg das **Wachwitzer Schloss**, von dem nur die grüne Turmhaube sichtbar ist. Nach grundlegender Sanierung sind hier exklusive Eigentumswohnungen entstanden.

Der Rhododendron-Park ist eine Augenweide, und der **Fernsehturm**, erbaut 1963/69, damals nach dem Berliner Fernsehturm das zweithöchste Gebäude der DDR, kommt ins Blickfeld. Er ist 252 Meter hoch und steht auf 230 Meter über NN. Es heißt, der Architekt Kurt Nowotny habe bei seinem Entwurf einen Sektkelch vor Augen gehabt. Hier gab es bis 1990 in 148 Metern Höhe das vielbesuchte und häufig ausgebuchte Turmcafé. Auch der Aufstieg zur Aussichtsplattform ist nicht mehr möglich.

Am Flussufer sind noch die Pfade der Treidler erkennbar, die hier Bomätscher hießen. Rechts liegt Tolkewitz, danach folgt das ehemalige Fischerdorf Laubegast, wo sich seit 1898 die Schiffs- und Yachtwerft Dresden befindet. Hier werden auch die ersten Tafelberge des etwa 25 Kilometer entfernten Elbsandsteingebirges sichtbar. Links liegt Hosterwitz mit dem dritten Dresdner Wasserwerk und der barocken **Schifferkirche Maria am Wasser.** Die kleine Kirche erinnert äußerlich an süddeutsche Sakralbauten des Barock und ist für die Region Dresden völlig untypisch. Ihre heutige Gestalt mit dem Kirchturm in Zwiebelform erhielt sie beim Umbau nach 1704. Beim »Jahrhunderthochwasser« im August 2002 stand die Kirche mehrere Tage lang rund zwei Meter unter Wasser, konnte aber bis 2003 wieder restauriert werden.

Bomätscher
Sächsische Bezeichnung für Schiffszieher oder Treidler. Seit dem Mittelalter bis zum Aufkommen der Dampfschifffahrt wurden die Flussschiffe, vor allem stromaufwärts, mit Menschenkraft an Seilen gezogen; es gab am Ufer Pfade, die Treidler- oder Bomätscherpfade, und die Arbeit war nicht nur schwer, sondern bei starker Strömung auch lebensgefährlich.

Kirche Maria am Wasser in Hosterwitz

48 | Carl-Maria-von-Weber-Museum

Dresdner Straße 44, Mi–So 12–17 Uhr

Der Komponist Carl Maria von Weber (1786–1826) war seit 1817 Königlicher Hofkapellmeister und Direktor der Deutschen Oper am Dresdner Hoftheater. Ab 1818 mietete er sich jährlich während der Sommermonate in Hosterwitz im Haus eines Winzers ein. Mitte des 20. Jahrhunderts wurde am authentischen Ort eine Gedenkstätte eingerichtet. Mit zum Teil persönlichen Gegenständen, zeitgenössischen Dokumenten und Mobiliar aus dem Nachlass werden Webers Leben und Schaffen, seine Familie und sein künstlerisches Umfeld dokumentiert.

49 | Schloss Pillnitz

Schloss- und Kunstgewerbemuseum Apr.–Okt.: Di–So 10–18 Uhr; **Park** ganzjährig 6 Uhr bis Dunkelheit

Schloss Pillnitz, Wasserpalais

Die einstige Sommerresidenz des Dresdner Hofes, zu der der Hofstaat für seine Park- und Wasserfeste in prächtigen Gondeln fuhr, ist ein wunderschönes Ensemble aus

Architektur und Gartengestaltung des 18. Jahrhunderts. August der Starke ließ auf dem seit dem 14. Jahrhundert bekannten Herrensitz ab 1720 die jetzigen Gebäude durch seinen Baumeister Matthäus Daniel Pöppelmann in der herrschenden Chinamode errichten. Die Anlage besteht aus dem Wasserpalais – einem prächtigen Chinoiseriebau mit Freitreppe zur Elbe –, dem zum Hang hin liegenden Bergpalais und dem beide nach Osten hin verbindenden Neuen Palais. Im Wasser- und Bergpalais befindet sich ein Museum für europäisches und ostasiatisches Kunsthandwerk. Im 28 Hektar großen Garten mit Orangerie, Palmenhaus und Chinesischem und Englischem Pavillon mit vielen botanischen Raritäten ist u. a. eine 230 Jahre alte japanische Kamelie zu bewundern. Sie ist die einzige Überlebende von vier Ende des 18. Jahrhunderts nach Europa gebrachten Pflanzen. Sie ist etwa neun Meter hoch, hat einen Kronendurchmesser von 15 Metern und bringt jedes Jahr um die 15 000 Blüten hervor. Seit 1992 wird im Herbst ein eigenes Schutzhaus auf Schienen über die Kamelie gefahren. Im Schlosspark ist auch die Tritonengondel des Kurfürsten Friedrich August III. zu bewundern, die um 1800 in Hamburg erbaut worden ist und dem höfischen Verkehr zwischen Pillnitz und der Residenz in Dresden diente.

Schloss Pillnitz, Neues Palais

Dresden an einem Tag. Ein Stadtrundgang
Herausgegeben von Mark Lehmstedt

Text: Doris Mundus
Lektorat: Kristina Schulze / Lehmstedt Verlag
Karte: OpenStreetMap-Mitwirkende, geodressing.de
Fotos: Günter Müller, außer: imageBROKER/Sylvio Dittrich/Alamy
Stock Foto (S. 16), Stiftung Frauenkirche Dresden / Jürgen Vetter
(S. 20), Staatliche Kunstsammlungen Dresden / Jürgen Karpin-
ski (S. 30, 32), travelbild-germany/Alamy Stock Foto (S. 31), Hajo
Dietz / Nürnberg Luftbild (S. U2, 34), Uncia/Alamy Stock Photo (S. 36),
matthiasengelien.com/Alamy Stock Foto (S. 37), Torsten Pape (S. 40,
42, 47), Theresa Serafin (S. 41, 59, 60), Staatliche Kunstsammlungen
Dresden/C. Renner (S. 43), Steffen Müller (S. 56u., 57, 61), Museen der
Stadt Dresden / Franz Zadnicek (S. 58), René Mann (S. 63), Jens Ahner
Fotografie (S. 46),
Gestaltung: Mareike Bardenhagen / Lehmstedt Verlag
Druck: druckhaus köthen GmbH & Co. KG, Köthen (Anhalt)

Umschlag:
1 Frauenkirche
2 Brühlsche Terrasse mit Semper-Denkmal und Kunsthalle
3 Luftbild, 2021
4 Friedensbrunnen am Jüdenhof
5 Wappen am Gewandhaus

Lehmstedt Verlag, Hainstraße 1, 04109 Leipzig
Mail: info@lehmstedt.de
© Lehmstedt Verlag, Leipzig, 2025
ISBN 978-3-937146-93-5